—— 作者 ——

罗伯特·J. 阿利森

美国萨福克大学历史学教授，著有《波士顿简
史》(2004)、《波士顿屠杀》(2006)、《波士顿茶
党》(2007) 等。

A VERY SHORT
INTRODUCTION

THE AMERICAN
REVOLUTION
美国革命

[美国]罗伯特·J.阿利森 著

石晓艳 ——— 译

译林出版社

图书在版编目（CIP）数据

美国革命／（美）罗伯特·J. 阿利森（Robert J. Allison）著；石晓艳译.
—南京：译林出版社，2024.1
（译林通识课）
书名原文：The American Revolution: A Very Short Introduction
ISBN 978-7-5447-9975-1

Ⅰ.①美… Ⅱ.①罗… ②石… Ⅲ.①美国独立战争
－史料 Ⅳ.①K712.41

中国国家版本馆 CIP 数据核字（2023）第 248629 号

The American Revolution: A Very Short Introduction, First Edition by Robert J. Allison
Copyright © Robert J. Allison 2015
The American Revolution: A Very Short Introduction was originally published in English in 2015.
This licensed edition is published by arrangement with Oxford University Press. Yilin Press,
Ltd is solely responsible for this Chinese edition from the original work and Oxford University
Press shall have no liability for any errors, omissions or inaccuracies or ambiguities in such
Chinese edition or for any losses caused by reliance thereon.
Chinese edition copyright © 2024 by Yilin Press, Ltd

著作权合同登记号　图字：10-2023-426 号

美国革命　[美国] 罗伯特·J. 阿利森 ／著　石晓艳 ／译

责任编辑　陈　锐
装帧设计　孙逸桐
校　对　王　敏
责任印制　董　虎

原文出版　Oxford University Press, 2015
出版发行　译林出版社
地　址　南京市湖南路 1 号 A 楼
邮　箱　yilin@yilin.com
网　址　www.yilin.com
市场热线　025-86633278
排　版　南京展望文化发展有限公司
印　刷　徐州绪权印刷有限公司
开　本　850 毫米 ×1168 毫米 1/32
印　张　5
插　页　4
版　次　2024 年 1 月第 1 版
印　次　2024 年 1 月第 1 次印刷
书　号　ISBN 978-7-5447-9975-1
定　价　59.00 元

序　言

盛　嘉

　　美国革命是美国历史上最为重大的一个历史事件。在地处世界边缘地带的北美殖民地，当时英帝国内部的一系列抗税冲突，何以演变成了一场罕见的政治与社会革命？这场革命不仅导致了世界上一个新的民族国家的形成，建立了一个迄今为止持续最长久的共和政体，而且还影响了随后世界历史的进程与格局。然而，不论是在这场革命发生的18世纪，还是在之后相当长的一段历史时期，它都是一场被严重低估了的革命，许多人甚至觉得它是一场不可思议的革命。

　　美国革命是由四个相互关联的历史运动构成的，即反叛抗税、独立战争、宪政建国和共和社会建构。如果沿着这场革命自身的历史脉络来考察这场革命，人们就会发现，在革命的每一个关键阶段，都充满着不确定性和不可预测性，甚至险象环生，可谓是一场命运坎坷、跌宕起伏的脆弱革命。

　　美国革命的一个重要历史背景是，它发生在欧洲启蒙运动的高峰期。作为英帝国的一个殖民地，以及大西洋贸易经济圈的一部分，启蒙运动的风气自然也吹到了北美。当时英国的政治家埃德蒙·柏克就注意到，欧洲出版的有关人文和政治的书籍，在北美殖民地拥有一批热心认真的读者群体。他们知识的渊博和思想的庞杂与当时欧洲的学儒和政治人物相比，一点也不逊色。在托马斯·杰斐逊的私人图书馆里就可以见到许多启蒙运动的经典文本。他后来起草的美国《独立宣言》不仅是美国革命的重要文献，也是18世纪启蒙运动的一个独特文本。

从全球史的视域和时间的连续性上看，美国革命是18世纪启蒙运动在北美的一个政治与社会实验。在与英国君主制切割，清除与君主制相关的世袭制、等级制以及各种传统权力的依附关系，选举建立一个自治的共和政府，建构一个具有美国自身特质的共和文化的过程中，美国革命的领导阶层都体现出了自觉改变生存状况的意识和务实的政治实践精神。在他们眼里，这是一场富有使命感的、史无前例的共和实验。

美国革命的领导阶层是18世纪北美的一个特殊的、多元复杂的群体。尽管他们反对英国的君主制，但对英国绅士的品位、风格和名誉情有独钟。与英国的世袭贵族不同，他们把自己视为"天然的贵族"，其中以是否接受人文主义的博雅教育作为一个重要标志。革命前，北美殖民地有近十所各类大学和学院。他们当中的许多重要人物，如托马斯·杰斐逊、约翰·亚当斯、詹姆斯·麦迪逊、亚历山大·汉密尔顿等，均是家族中第一代上大学的人。还有些人是在欧洲读完大学后，返回殖民地参加革命的。他们既有令人赞佩的勇气与智慧，也有人性的弱点和诉求。尽管他们都有在各个殖民地从政的经历，后来又汇聚在联邦的层面，但他们不是职业革命者，大多都有自己的职业和谋生之道。他们投身政治，却不眷恋权位。享有崇高威望的华盛顿，他对自己庄园的执着惦念，远胜于对总统职位的迷恋。这是作为一场实验的美国革命得以存续和成功的一个重要背景。

由于革命在本质上是对人性的改造与检验，美国革命领导阶层的一些人觉得，政治上的分歧和反对派的存在是人类在自由状态下的必然产物，没有什么值得大惊小怪和害怕的。面对人类的福祉和民族国家的整体利益，任何政治上的分歧都是可以容忍的，任何问题都是可以讨论的。坚持原则和适时妥协是现代政治的素质和智慧。革命的每一阶段都充满争议，对所遇到的每一个关键性问题都有不同的声音和主张。美国宪法之父麦迪逊为此写道："自由之于党争，正如空气之于火，离开了它，火就会立刻熄灭，压制派系纷争只能损害自由本身……只要人的理性继续犯错误，只要他有权运用理性，多种声音和意见分歧就一定继续存在，相应地，政府中就会存有党派。"这种政治的洞察和罕见的坦然，是美国革命"党争论"产生的关键背景，也体现了一种现代共和政治的理性。《联邦党人文集》是人性知识和政治学相结合的启蒙文本，是美国革命对现代政治学的一个具有特殊价值的贡献。

早期的反叛抗税运动和争取独立的战争，只是这场革命的部分内容和阶段性目标，而制宪则贯穿革命的始终。早在《独立宣言》发表之前的1775年，约翰·亚当斯就呼吁，制宪是实现真正独立的关键。革命伊始，各个殖民地就出现了修改旧宪章和制定新宪法的狂潮。制宪与独立战争是承载美国革命前行的两翼。

这场革命的制宪是一个由下而上、从局部到整体的过程。宪政革命的一个重要标志则是实际代表制的形成。从早期的"无代表不征税"的反叛运动，到后来实际代表制在乡镇、州和联邦各个层面上的实施，体现了美国革命的一贯连续性。它是下层民众的参与、中间阶层的抗争与上层精英阶层妥协的共同结果。这是判断一场革命是否成功的最基本的标准。

革命的最大困境历来是如何在一个新建立的政治体中保护个人自由和各项基本权利的问题。美国革命的一位重要领导人物本杰明·拉什就坚持，"革命的重头戏是建立和完善一种保护个人自由的制度"。联邦政府按宪法程序建立起来的首个国会立法，竟然是限制政府自身权力和保护公民的《权利法案》。《联邦宪法》是对权力的创造与分隔，《权利法案》则是对新创造的权力进行限制。正是在这个基本层面上，美国革命的第一代领导阶层通过宪政的制度安排，理顺了政府权力与民众权利之间的关系。这不仅在当时许多人的眼里是匪夷所思的，而且也令后来曾被一些人视为革命范例的法国革命和俄国革命望尘莫及。对政治程序的尊重、对公共领域的培育、对宪法权威的维护、对个人基本权利的保护，这些其实是美国共和政体能够延续两百多年的几个关键性因素。

美国革命的历史经验显示，共和政体的一个核心特征就是维护一个"自由得以呈现的空间"，它类似于现代政治学和社会学者所称的"社会公共领域"。美国革命所涉及的自由至少有四个重要维度，它们是政治自由、公民自由、经济自由和个人自由。其中每一项自由都依赖于良性的社会公共领域的存在。一个社会的共和政体的创建与巩固不是靠暴力压制，也不是停留在纸上的宪法条款，更不是冠冕堂皇的标语口号，而是依赖于一种平等、自由并具有社会道德的公民社会的存在。共和政治文化不是随着宪法的颁布就能骤然降临的。它是一个漫长的启蒙过程，它是由全新的共和制度的建构、维护公民自由的法律实施、司法体系的独立与公平、社会各个阶层（特别是权力阶层）对宪法权威的敬畏、公民社会美德的培养和提倡、对多元文化的容忍等共同发酵的结果。在这些方面，美国革命既有可贵的经验，也有惨痛的教训。

作为一场以追求自由为目的的革命，美国革命既有很高的道德诉求，又陷入当时令人遗憾的道德困境。比如：追求社会人人自由，却没能废除奴隶制；提倡生而平等，但妇女并没有获得选举权；建构共和社会，却给印第安人带来了厄运。这些都说明，美国革命也是一场"未完成的革命"。它的历史局限性和所面临的政治与社会困境，使得美国革命本身以及关于这场革命历史叙事的建构，既饱受批评与指责，同时又导致了美国革命的历史研究成为一个持续不衰的显学。

在这本《美国革命》小册子中，罗伯特·J. 阿利森顺着革命自身的历史脉络，采取时序和历史事件点面结合的叙事方式，简洁明快地介绍了美国革命的历史过程。他的语言生动流畅，通俗易懂。石晓艳的中译文贴切自然。这是一个帮助中国读者了解美国革命的有价值的入门文本，希望它能够引起更多中国读者对美国革命的关注。

献给马修和苏珊·加尔布雷斯

目　录

美国革命年表

1754 年

 6 月 19 日   奥尔巴尼会议

 7 月 3 日   华盛顿败于尼塞西蒂要塞

1755 年

 7 月 9 日   布拉多克败于宾夕法尼亚

1759 年

 9 月 13 日   英国人夺得魁北克

1760 年

 9 月 8 日   英军占领蒙特利尔

1761 年   《协助令状》案

1763 年   《巴黎条约》

        英国政府禁止在阿利根尼以西开拓定居

        庞蒂克叛乱

1764 年   议会通过《糖税法》

1765 年

 3 月 22 日   议会通过《印花税法》

 8 月 14 日和 26 日 波士顿爆发印花税暴乱

10 月 7—25 日	在纽约召开反对《印花税法》大会
1766 年	
3 月 17 日	议会废除《印花税法》
1767 年	
6 月 29 日	"汤森德系列税法"对英国商品施加新关税
1768 年	
6 月 10 日	约翰·汉考克的船只"自由"号因未缴税而遭扣押
11 月 1 日	英军抵达波士顿
1770 年	
1 月 19—20 日	"自由之子"和英国士兵在曼哈顿戈登山发生冲突
3 月 5 日	波士顿惨案
4 月 12 日	议会废除了除茶叶外的所有汤森德税
1771 年	
5 月 16 日	殖民地统治者于阿拉曼斯战役被击败
1772 年	
6 月 9 日	"加斯皮"号被焚烧
1773 年	
4 月 27 日	议会通过《茶叶税法》
12 月 16 日	波士顿倾茶事件
1774 年	
3 月 31 日	议会关闭波士顿港

5月20日	英国国王同意暂时关停马萨诸塞政府
6月22日	《魁北克法》
9月5日—10月16日	第一次大陆会议在费城召开
9月17日	会议通过《沙福克决议》

1775年

2月9日	英国国王宣布马萨诸塞反叛
4月19日	莱克星顿和康科德战役
5月	伊森·艾伦和本尼迪克特·阿诺德攻占提康德罗加要塞,大陆会议在费城再度召开
6月17日	邦克山战役
7月3日	华盛顿接管大陆军
11月7日	邓莫尔勋爵向反抗作乱奴隶主的奴隶们授予自由

1776年

1月1日	邓莫尔勋爵烧毁诺福克
1月10日	托马斯·潘恩发表《常识》
2月27日	莫里斯溪桥战役
3月17日	英军撤离波士顿
6月4—28日	克林顿未能攻下南卡罗来纳的查尔斯顿
7月2日	会议决定独立
7月4日	会议通过《独立宣言》
8月27日	长岛战役

9月11日	斯塔顿岛和议；富兰克林、亚当斯和爱德华·拉特利奇会见海军上将豪
9月15日	英军登陆曼哈顿
9月20—21日	纽约大火
10月28日	白原战役；美军舰队在尚普兰湖被击败
11月16日	英国攻占华盛顿要塞
11月20日	英国攻占李要塞
12月26日	特伦顿战役

1777年

1月3日	普林斯顿战役
7月5日	伯戈因攻占提康德罗加
8月16日	本宁顿战役
9月11日	布兰迪万战役
9月26日	英军占领费城
10月4日	日耳曼敦战役
10月17日	伯戈因在萨拉托加投降
1777—1778年冬	华盛顿和他的军队在福吉谷

1778年

2月6日	法国承认美国独立
4月	法国舰队驶向美国
4月23日	约翰·保罗·琼斯攻打大不列颠群岛
6月18日	英军撤离费城
6月28日	蒙茅斯战役

8月29日	美军和法军未能拿下纽波特
9月23日	"好人理查德"号对决"塞拉皮斯"号
12月29日	英军占领萨凡纳

1779年

2月25日	美军占领文森
6月4日	弗吉尼亚立法机构考虑并否决了《宗教自由法令》
6月16日	西班牙对英国宣战
10月28日	法军和美军结束了对萨凡纳不成功的围攻

1780年

3月14日	西班牙占领莫比尔
5月12日	查尔斯顿向英军投降
7月11日	法国军队和舰队抵达纽波特
8月16日	卡姆登战役（南卡罗来纳）
9月23日	发现本尼迪克特·阿诺德叛国
10月7日	国王山战役
12月20日	英国对荷兰宣战

1781年

1月5日	阿诺德占领里士满
1月17日	考彭斯战役
3月15日	吉尔福德法院战役
5月9日	西班牙占领彭萨科拉
8月4日	康沃利斯占领约克镇

9 月 5—9 日	法军于切萨皮克湾击败英国舰队
10 月 19 日	康沃利斯在约克镇投降

1782 年

11 月 30 日	签订停战协议

1783 年

3 月 15 日	华盛顿平定纽堡叛乱
6 月 21 日	宾夕法尼亚兵变
7 月 8 日	马萨诸塞陪审团判定奴隶制违背了州宪法
9 月 3 日	《巴黎条约》正式签订,终战
10 月 7 日	弗吉尼亚解放了参战的奴隶
11 月 25 日	英军撤离纽约
12 月 23 日	华盛顿辞去职务

1784 年

1785 年

1786 年

1 月 16 日	弗吉尼亚州通过了《宗教自由法令》
8 月 29 日	起义的马萨诸塞州农民推翻了法院
9 月 11—14 日	安纳波利斯会议提议修改《邦联条例》

1787 年

1 月 25 日	马萨诸塞州的谢斯起义被平定
5 月 25 日—9 月 17 日	联邦会议起草了新宪法
7 月 13 日	国会通过《西北地域法令》

12月7日	特拉华州通过《联邦宪法》
12月12日	宾夕法尼亚州通过《联邦宪法》
12月18日	新泽西州通过《联邦宪法》

1788年

1月2日	佐治亚州通过《联邦宪法》
1月9日	康涅狄格州通过《联邦宪法》
2月6日	马萨诸塞州通过《联邦宪法》，并提出修正案
4月28日	马里兰州通过《联邦宪法》，并提出修正案
5月23日	南卡罗来纳州通过《联邦宪法》，并提出修正案
6月21日	新罕布什尔州通过《联邦宪法》
6月25日	弗吉尼亚州勉强通过《联邦宪法》，并提出修正案
6月26日	纽约州通过《联邦宪法》；美国船只在哥伦比亚河与中国之间建立起贸易往来

1789年

2月4日	乔治·华盛顿当选总统，约翰·亚当斯当选副总统
3月4日	新美国国会在纽约召开
4月30日	华盛顿就任总统
9月25日	国会批准宪法修正案(《权利法案》)

| 11月21日 | 曾否决1788年《联邦宪法》的北卡罗来纳州通过《联邦宪法》 |

1790年

| 5月29日 | 曾否决1788年《联邦宪法》的罗得岛州通过《联邦宪法》 |
| 10月 | 印第安部落迈阿密族、萧尼族和特拉华族在莫米河击败美军 |

1791年

2月25日	华盛顿签发创建美国国民银行的法令
3月3日	国会批准威士忌酒税
3月4日	佛蒙特州加入联邦
11月4日	迈阿密联盟在沃巴什河击败美军
12月15日	《权利法案》获批

1792年

| 6月1日 | 肯塔基州加入联邦 |

1793年 伊莱·惠特尼发明轧棉机

| 4月22日 | 华盛顿总统宣布美国对英法战争保持中立 |

1794年

3月27日	国会授权建造护卫舰以保护美国船只抵御北非诸国
7—8月	威士忌起义
8月20日	美军在伐木战役中击败迈阿密族和其

他印第安部落

| 11月19日 | 美国和英国签订条约 |

1796年

| 6月1日 | 田纳西州加入联邦；华盛顿宣布不再寻求总统连任 |
| 12月7日 | 约翰·亚当斯当选总统，托马斯·杰斐逊当选副总统 |

1797年

10月18日	法国官员向美国外交官索贿
1797—1800年	与法国交战
1798年	美国进行首次前往日本的贸易航行；美国船只抵达阿拉伯半岛
7月14日	国会通过《惩治叛乱法》

1799年

12月14日	乔治·华盛顿去世
1801年	托马斯·杰斐逊当选总统
1801—1805年	的黎波里战争
1803年	美国从法国手中购买了路易斯安那州
1807年	
6月22日	英国战舰"美洲豹"号在弗吉尼亚海域攻击美国军舰"切萨皮克"号
1808年	
1月1日	美国禁止跨大西洋奴隶贸易；禁运关闭

美国港口

1811年

    11月7日   美军于蒂珀卡努河击败印第安部落萧尼族

1812年

    6月18日   美国对英国宣战

    8月16日   底特律对英国和印第安军队投降

    8月19日   美国军舰"宪法"号击败英国军舰"格里尔"号

1813年

    10月5日   泰晤士之战，萧尼族酋长特库姆塞被杀

1814年

    3月27日   美军、切罗基族和乔克托族军队在亚拉巴马州蹄铁湾击败克里克族

    12月24日   美国和英国代表在比利时根特市达成和平条约

1815年

    1月8日   新奥尔良战役

1824年

    8月15日   拉斐特作为国宾来到美国

1825年

    6月16日   邦克山纪念碑奠基仪式

1826年

    7月4日   托马斯·杰斐逊和约翰·亚当斯去世

前　言

"我们的革命历史将会是一番彻头彻尾的谎言，"约翰·亚当斯预言，"整个历史的精华在于，富兰克林博士用他的电棒击打大地，唤出了华盛顿将军，他被富兰克林用电棒赐予了力量——从此他们二人实施了所有的政策、谈判、立法和战争。"

亚当斯之所以表示反对，部分是因为这充满想象的复述把他给忽略了。但它同时也忽略了其他很多细节，例如起因和结果。是什么引起了革命？政治压迫？经济困境？议会降低了美国人的赋税，使得他们逐渐比英国人更加富有；尽管殖民地的暴乱四处蔓延，但英国政府在18世纪60和70年代真正逮捕的只是几个英国士兵，他们开枪打死了抗议的美国民众。美国人对征税和英国政府的抗议，催生了一个新型政治体系，在其中，由多数派执政，但个人拥有自由。

当男人和女人们开始通过动员邻居和公共舆论来捍卫自由的时候，在多数派执政的体系中保护个体权利的故事就在这场革命中开始了。如果这一切不仅是凭富兰克林的电棒以及被电棒赋予力量的华盛顿来实现的，那么为了理解这一体系是如何产生的，我们就必须仔细探究"政策、谈判、立法和战争"，以及引爆这场革命的很多人。

致　谢

　　借着这本书介绍美国革命，我非常感谢那些将我带入这个事件的人们。我的母亲，她非常讨厌历史，却带我参观了位于莫里斯镇华盛顿的指挥部；透过一扇窗户，我匆匆瞥见一顶白色假发和一套大陆军制服，如一个神秘人物从华盛顿的桌前升起，然后消失不见。从那时起，我一直追随着这难以捉摸的幻影，我要感谢新泽西、马萨诸塞以及西部和南部各地许多很好的公园管理员，是他们让我们更加亲近。

　　我已故的朋友麦克·贝尔将提康德罗加要塞和南波士顿、罗克斯伯里及多切斯特联系起来；他的记忆也因他大胆重新构想出的这些事件而让我珍惜。我非常感谢他，也同样感谢伯纳德·贝林、罗伯特·贝林杰、约翰·卡瓦纳、戴维·哈克特·费舍尔、威廉·福勒、罗伯特·格罗斯、罗伯特·霍尔、苏珊·莱弗利、波林·迈尔、路易斯·马舒尔、约瑟夫·麦卡锡、德鲁·麦考伊、约瑟夫·麦埃特里克（感谢他让我在波士顿惨案审判中既是陪审员，又是被告）、盖里·纳什、约翰·泰勒、泰德·威德默和麦特·怀尔丁。

　　波士顿国家历史公园、波士顿人协会、老南礼拜堂、亚当斯国家历史遗址、费城共济会大教堂、马萨诸塞州档案馆、保罗·里维尔故居、雪莉·尤斯蒂斯故居、塞勒姆图书馆、Exploritas，以及分布在马萨诸塞、伊利诺伊和田纳西各地的教师研讨会（隶属"教授美国历史项目"、第一手来源、拓展训练/远征式学习），使我能够将这个故事分享给参与的观众们，他们的问题和挑战帮助我进行思考。萨福克大学及哈佛进修学校里研究美国史、本杰明·富兰克林及波士顿历史的学生们也用他们的提问、评价和自己的研究，丰富了我的理解。

我同时感谢马萨诸塞历史协会的彼得·德鲁米、安妮·宾利和伊莱恩·西维对我的全部帮助，还要特别感谢马萨诸塞州档案馆的迈克尔·科莫。同时，萨福克大学系主任肯尼思·S.格林伯格和哈佛进修学校的系主任迈克尔·希纳格尔也十分热情地在学术和教学方面为我提供了支持。

牛津大学出版社的苏珊·费伯一直耐心地引导着这本书问世，书里的每一页都体现出她的判断力和慧眼。最要感谢的是我的太太菲利斯，还有儿子约翰·罗伯特和菲利普。愿他们能像当年我透过莫里斯镇的窗户瞥见白色假发和红蓝相间外套幻影时一样，被这本书所吸引。

罗伯特·J.阿利森

马萨诸塞州波士顿

2014 年 12 月

第一章

革命的起源

对于一个生活在18世纪50年代的英国政策制定者来说,"殖民地"通常是指巴巴多斯或牙买加、西印度群岛上重要的蔗糖生产岛屿,或者指印度的富庶省份,那里的政府和金融均被东印度公司牢牢控制。如果他把目光投向北美,他将不会重点关注马萨诸塞、弗吉尼亚或宾夕法尼亚这些地方,而会更加重视绵绵山脉背后那片广袤的内陆土地,即俄亥俄河和密西西比河流域。尽管易洛魁族、迈阿密族、萧尼族、切罗基族以及其他北美印第安部落拥有这片土地,但英国国王依然宣布将它赠予北美各殖民地所有。到了18世纪50年代,法国人也加入进来,从加拿大穿过五大湖,并沿着路易斯安那顺密西西比河而上,同当地印第安人交易皮毛,签订条约。从魁北克到新奥尔良,法国人控制了北美的内陆地区,在底特律、文森和圣路易斯建立了要塞及交易站。英国控制了印度,但即将失去北美。

即使不像牙买加或印度那样有利可图,英国控制下的北美地区对蔗糖经济依然十分关键。大西洋沿岸的殖民地在英国政策下依然蓬勃发展起来。宗教反对者们从17世纪开始开拓这些新英格兰殖民地——马萨诸塞、新罕布什尔、罗得岛、康涅狄格。他们通过贸易得以成功，把新英格兰的森林变成船只和装满英帝国货物的木桶，以及用新英格兰沿岸捕捉上来的鳕鱼供给西印度群岛做苦力的奴隶们。波士顿和纽波特成为十分繁忙的港口。在文化上同源的新英格兰人，比任何远在英帝国的人更有能力管理自己。1688年，他们断然拒绝了英国要重组他们政府的企图，并戒备地保卫当地武装力量。

英国人于1664年从荷兰人手中得到了纽约，但保留了它的商贸体系：与易洛魁人做生意，他们是北美最有势力的印第安部落，由一个拥有土地的领袖掌权。位于曼哈顿岛南端的纽约市以及哈德孙河上游的奥尔巴尼，是最重要的交易中心。但是，纽约的控制权深入到了新泽西，那里的农田供养着曼哈顿、新不伦瑞克和伊丽莎白的居民。纽约还宣布在哈德孙河、尚普兰湖及康涅狄格河之间的所有土地，甚至长岛海峡两岸的土地都是自己的。新英格兰人并不承认纽约的帝国梦。

宾夕法尼亚由贵格会教徒于17世纪80年代建立，在文化上包括了特拉华的三个县，以及特拉华河东岸新泽西的大片区域。由于决心公平对待当地印第安人，宾夕法尼亚的商人们反对纽约只和易洛魁族做交易，实行垄断，所以他们转而和被易洛魁族视作本族从属的塔斯卡洛拉族及德拉瓦族做生意。更肥沃的土壤和更温和的气候，使得宾夕法尼亚成为比新英格兰更好的种植区；更公平的土地分配，也使得它比纽约或再往南的殖民地更有诱惑力。费城到了1750年已成为北美第二繁忙的港口，它向巴巴多斯和牙买加的劳动力输送粮食，让英国、德国和苏格兰-爱尔兰移民成了宾夕法尼亚的独立农场主。

早在17世纪就建立的弗吉尼亚和马里兰的切萨皮克殖民地，到了18世纪中期已形成了成熟的种植园社会。大农场使用奴隶来种植烟草，销往世界各地。弗吉尼亚——拥有五十万人口——是北美大陆面积最大和人口最多的殖民地；每六个美国人中就有一个住在弗吉尼亚，而每五个弗吉尼亚人中就有两个是奴隶。烟草的种植消耗了所有潮水区域的土壤；烟草种植者们把目光投向内陆，越过山脉，寻找更多的土地来种植和销售。

北卡罗来纳的沿岸城镇——新伯尔尼和伊登顿——是烟草业上流社会的交易中心，很像切萨皮克的港口。但是，苏格兰-爱尔兰和德国移民迅速向北卡罗来纳内陆地区移居，从宾夕法尼亚沿着山麓一路开拓。这些在偏远的切罗基族和卡托巴族边界定居的是农民，不是种植者；他们不承认海岸沿线种植者在文化或政治上的优越性。他们使北卡罗来纳人口迅速增长，从1750年到1770年间翻了两番，让这里成为北美大陆第四大以及发展最快的殖民地。移民也同样拥进了南卡罗来纳的偏远地区。巴巴多斯和牙买加的种植者带着他们的奴隶，于17世纪80年代就开始在南卡罗来纳的海岸低洼地区种植大米。在这些低洼地区的一些地方，90%的人口都是奴隶，而整个南卡罗来纳的60%人口都是有色人种的奴隶。奴隶们建造了查尔斯敦（1783年更名为查尔斯顿），它是费城以南唯一的城镇中心。少数白人从1739年的奴隶反叛中幸存下来，牢牢掌握着权力，但种植者们始终警惕着在偏远地区不断增长的势力。

佐治亚是最新也是最小的殖民地，只有三万人，其中一半是奴隶。它于18世纪30年代建立，用作南卡罗来纳和被西班牙占领的佛罗里达之间的屏障。佐治亚让英国贸易商有机会同克里克族和切罗基族人做生意，同时也作为一块楔子，对付彭萨科拉及新奥尔良的西班牙和法国贸易商。它同时还是来自英国的债务人或穷人的避难所，他们到达佐治亚之后就想着自己为何不能像萨凡纳河对岸南卡罗来纳的白人那样拥有奴隶。当地仁慈的立法者们最终对佐治亚白人蓄奴的需求大发慈悲，所以佐治亚和南卡罗来纳一样享有了相同的奴隶经济。

十三个殖民地，它们的人口、经济体系和社会结构都大不相同。这些殖民地在18世纪30到40年代之间都经历了一场宗教复兴——"大觉醒"，福音传道者们，例如乔治·怀特菲尔德在这些殖民地广泛传教；这是最初将这些殖民地联系起来的运动之一，但这些传教者们也挑战了已确立的宗教秩序。除了通过伦敦之外，这些殖民地还缺乏政治上联系起来的正式沟通体系。驿道把波士顿和费城联系起来，但大部分的运输是通过水路。极少有美国人去过其他的殖民地。乔治·华盛顿在年轻的时候去过巴巴多斯，但没有到过费城或纽约；来自马萨诸塞的约翰·亚当斯直到快四十岁的时候才来到纽约和费城。

通信和交通的问题并没有阻止这些殖民地的发展。本杰明·富兰克林，一个游历很广的美国人，注意到自1607年以来，只有八万英国人来到美国，但到了1751年，已有超过一百万的英国后裔居住在美国，同时来自德国、非洲及苏格兰-爱尔兰的人口也在不断增长。在1700年到1750年之间，英国的人口从五百万增长到六百万；而与此同时，美国的人口翻了一番。富兰克林预测，二十五年之后，美国的人口还将翻番，到了1850年，"人数最多的英国人将住在海洋的这一边了。英帝国在海洋和陆地上的势力增长多么可观啊！贸易和航海将大大繁荣！船只和船员的数量也将大大增加！"

富兰克林预期，这些殖民地仍然会继续作为一个不断强盛的英帝国的组成部分。但是，当时就有一个迫在眉睫的威胁。从圣劳伦斯到密西西比地区，法国牢牢控制着内陆部分，威胁着英国对北美大陆的控制。

在阿利根尼河和莫农加希拉河汇合成俄亥俄河的地方，宾夕法尼亚人建立了一个小小的要塞，驻扎了四十四个人，用于保护宾夕法尼亚商人抵御纽约易洛魁联军。1754年4月，法国和印第安人联军组成了一支有三百六十艘平底船和独木舟的舰队，带着十八门火炮，顺着伊利湖而下。他们迫使宾夕法尼亚人交出要塞，并放弃价值两万英镑的货物。

然而，其他的殖民地并不将此视作对他们自己的威胁。纽约人认为，宾夕法尼亚人侵入了他们的贸易地盘，而弗吉尼亚种植者则希望垄断俄亥俄河两岸印第安人狩猎场的全部贸易。马萨诸塞和纽约之间正为了康涅狄格河与哈德孙河之间的土地剑拔弩张；康涅狄格和宾夕法尼亚均宣称拥有萨斯奎哈纳河上游或怀俄明谷的德拉瓦族人的土地；佐治亚和南卡罗来纳为了与克里克人和切罗基人的贸易进行竞争。尽管他们的生存依赖于他们之间的合作，却没有一个殖民地忽视近在眼前的自身利益。

但英国政府感受到了法国的威胁，并命令各殖民地与易洛魁人会谈，以巩固他们之间对抗法国的同盟。七个殖民地的代表于1754年夏天在纽约的奥尔巴尼与易洛魁族代表见面。这次会议未取得任何成果。各殖民地代表分别与易洛魁族签订了单独协议（弗吉尼亚从易洛魁人手中买下肯塔基，尽管萧尼族实际拥有这块土地），但没有制定任何统一的战略。富兰克林和马萨诸塞政治领袖托马斯·哈钦森起草了一个联合计划，提出每一个殖民地须选出代表参加一个四十八人的大议会，每年轮流在不同的殖民地首府开会；这个议会将会建立军队，并向各殖民地征税进行共同防御，尽管各殖民地依旧保留自治权。英国国王将指定一位总督，以确保该议会不与英国政策发生冲突。尽管奥尔巴尼会议通过了这一计划，但各殖民地议会却并不认可。没有一个殖民地愿意向其他殖民地放弃自己的权力和特权。事实有些残酷，富兰克林说这些殖民地只有在英国政府强迫他们的情况下才可能团结起来。

同时，弗吉尼亚让他们的民兵们在陆军少校乔治·华盛顿的带领下进入阿利根尼和莫农加希拉；他们攻击了法国军队，杀死了一名法国外交官。法军向他们回击，占领了华盛顿建立的要塞（尼塞西蒂要塞），并把华盛顿送回弗吉尼亚。华盛顿对莫农加希拉前线的突袭导致了英国和法国相互宣战，战争从北美扩散到加勒比海、欧洲、地中海、非洲、印度以及太平洋。这是第一次全球性的战争。英国首相威廉·皮特认识到，战争取得胜利的关键在于控制海洋和北美大陆。皮特动员英国舰队和正规军,以及数千美国民兵队伍去抢夺了法国手中的蒙特利尔和魁北克。接下来,又派兵从西班牙手中夺取了古巴和佛罗里达。在战争末期,英国控制了美国密西西比河以东的全部地区。

英国人把法国人从俄亥俄河地区赶走了,但未能对付当地的印第安人。渥太华领袖庞蒂克领导印第安部落对抗英国军队,很快就击溃了英军的小规模驻防,并夺取了英军在皮特要塞——位于阿利根尼河与莫农加希拉河交汇处的驻防——以西的所有前哨。英国人明白,庞蒂克在当地实施有效的封锁,越多的白人在此区域定居,就会引起越多与印第安人的冲突,因此需要更多的军队。为了避免这些问题,并彻底终止纽约、宾夕法尼亚和弗吉尼亚之间关于领土控制权的争议,英国国王就简单地在阿巴拉契亚山脉和密西西比河之间,北至魁北克,南到佛罗里达,禁止白人定居和买卖土地。对上述1763年颁布的公告,每一个殖民地,从佐治亚到康涅狄格都表示厌恶。如果他们被禁止进入俄亥俄地区,那他们又为什么要打仗呢?

尽管如此,抗议此公告的反应,比他们抗议英国议会试图管制殖民地贸易,并为殖民地前线的防卫支付费用的反应要温和许多。议会于1764年4月开始他们财政上的行动,实施了《糖税法》。该法将进口糖浆的关税减半,降至一加仑三便士,但与之前税法不同的是,这一税法包含了确保征收的规定。商人们必须缴纳履约保证金,确保他们依法纳税,并特别建立了海事法院,而非陪审团,以审判违法者。

除《糖税法》之外，英国议会还禁止殖民地铸币或印刷他们自己的纸币。这一规定的目的是规范货币，防止纸币或硬币大幅度波动。但实际的效果是将钱从流通中抽走，并扼杀了殖民地贸易。

商人们进行了预料之中的抗议。未能预测到的是他们进行抗议的理由：他们主张，未经他们同意，不得向他们征税；他们没有参与选举议会，所以议会无权向他们征税。商人们得到了一些有影响力的神职人员的支持。波士顿牧师乔纳森·梅休警告道："人们通常不是一次性被剥夺了所有的自由，而是循序渐进地。"

波士顿律师詹姆斯·奥蒂斯写道，并非征税本身有错，而是原则就错了。如果可以不经殖民地人民同意就向他们征税，他们实际上就成了议会的奴隶：

> 殖民地人民，他们是人，有权被视为拥有和欧洲人一样平等的、与生俱来的权利，他们在行使自己的权利时，不应受到限制，除非是为了整个地区的利益。作为或成为社会的一分子，他们并没有比其他好公民更进一步放弃自己天生的权利，如果未经他们同意就剥夺了他们的权利，就意味着他们受到了奴役。

他进一步阐述道，奴役白人与奴役黑人一样，都是错误的：

> 殖民地人民依法生来享受自由，甚至所有人皆如此，不

论白人还是黑人……难道说因为一个人是黑人，奴役他就是正确的吗？难道如那些心肠犹如铁石一般坚硬的人所宣称的，短鬈发更像羊毛而不同于基督式头发，就有助于赢得这场辩论吗？从一张长着扁平鼻子的长脸或短脸上，难道就可以得出任何支持奴隶制的符合逻辑的推论吗？一个显而易见的事实是，那些每天拿别人的自由做交易的人将很快就不再在乎他们自己的自由了。

奥蒂斯继续道："女人难道不是和男人一样生来自由吗？那些认为女性天生就是奴隶的断言难道不算无耻吗？"在反驳议会有权征收糖税时，奥蒂斯进一步反对了任何形式的专制权力。奥蒂斯认为糖税导致了奴隶制；他也看到了对该税的抵制将赢来男人和女人们的自由，不论是黑人还是白人，他们都可以享受自己劳动的果实。

议会迅速地按照奥蒂斯所预测的那样展开行动。英国财政大臣乔治·格伦维尔勋爵，提出了向北美殖民地征收"印花税"，即向任何印刷品征税，包括报纸、小册子、大学文凭、契约、销售和装船单据、结婚证书、法律文书、纸牌、骰子、遗嘱，税率从三便士到四镑不等，取决于文件的价值，并用硬通货支付。付款后文件上贴上一枚印花，作为凭证。美国人民进行了抗议，不仅仅是反对一系列新的税收，更是反对议会有权向他们征税这一原则。传教者乔治·怀特菲尔德警告说，这些税将是剥夺美国人民自由的"大阴谋"的开始。

为支持上述税收，查尔斯·汤森德于1765年2月提出质疑："这些北美人，从幼年起就深受我们的照顾，在我们的恩惠下不断成长，直到成为如今这样强大和富庶，同时受到我们的保护，难道还不愿意做一些微薄的贡献，稍稍缓解一下我们目前承受的巨大负担吗？"

　　随即，艾萨克·巴雷反驳了汤森德关于殖民地历史的解读。"他们深受你们的照顾？不，你们的压迫伴随着北美人民……他们的成长受到你们的恩惠？他们在你们的忽视下长大……他们受到你们的保护？他们为保卫英国英勇地举起了武器。"巴雷说，北美人民"和英国国王的任何臣民一样忠诚，但这些人民唯恐失去自己的自由，并试图维护自由"，特别是反对那些"让自由之子一腔热血冷却"的政策和官员们。

　　北美那些反对英国议会于1765年3月22日通过《印花税法》的人们，开始称自己为"自由之子"。他们以其他机构组织为基础，特别是殖民地媒体：波士顿的本杰明·伊兹——《波士顿报》的印刷人，《普罗维登斯报》的威廉·戈达德，《纽波特水星报》的塞缪尔·霍尔，以及《宾夕法尼亚日报》的威廉·布拉德福德，都是"自由之子"的重要领袖，他们真正的力量来自每个社区的劳动人民。例如，埃比尼泽·麦金托什，一名波士顿制鞋匠，波士顿"南端暴民"组织的长期领袖，成了"自由之子"的首领，他的组织成员用来悬挂不受欢迎的官员雕像的那棵大榆树成了"自由之树"。

　　1765年5月，弗吉尼亚议会（下议院）的帕特里克·亨利提出，弗吉尼亚人民没有放弃"英国自由的显著特征"——只有在征得本人同意的情况下才可向其征税。尽管议会拒绝了亨利的提议，但它们被发表在遍及殖民地的报纸上，成为各殖民地反对派的基础。

在波士顿，有谣言说安德鲁·奥利弗，一个商人、州府秘书、副总督托马斯·哈钦森的内弟，同时也是新任命的税务代理人，在他的海滨仓库里囤积了印花税票。一群暴民于1765年8月14日夜里摧毁了这间仓库。他们并未找到印花税票，但用一堆残骸（大部分被他们抛进了港口）点起了大火，还戏谑地在每一个碎片上盖个印章，然后抛进火焰。两周后，暴民们将副总督哈钦森和他的女儿赶出了他们的房子，并毁掉了房子里的一切。除了佐治亚以外，其他各殖民地的税务代理人都纷纷辞职。

詹姆斯·奥蒂斯召集所有殖民地的代表于10月在纽约召开大会，让大家联合起来抗议《印花税法》。九个殖民地（除了弗吉尼亚、新罕布什尔、北卡罗来纳和佐治亚）都派出了代表，他们起草了一份审慎的抗议书，其中写道，"他们对英国国王陛下及他的政府都怀有最诚挚的感情和责任"，但印花税给他们施加了负担，并违背了他们作为英国臣民的权利。他们将此请愿书寄给英王乔治三世，英王收到了信，却将此事交给了议会处理。

在请愿书顺利到达伦敦的同时，《印花税法》也于11月1日开始实施。埃比尼泽·麦金托什在波士顿组织了抗议游行，当天夜里，游行的人们手挽着手穿过街道，贸易商威廉·布拉特尔也加入其中，他是总督议会成员，这表明了波士顿商界领袖与新兴的政治领袖——如麦金托什——团结一致。麦金托什的力量来自他的动员能力，他发动了包括船坞工人、码头装卸工、制绳工人等去袭击奥利弗仓库，或在"自由之树"上悬挂雕像。居民们现在能够表现得更文明一些了。美国人民显示出几乎毫无异议的坚定性去抵制印花税。马萨诸塞副总督哈钦森于1766年3月汇报说，"每一个殖民地的权力机构都掌握在'自由之子'手中"，同时税务代理人约翰·罗宾森也报告说，印花税税务官感受到了"不仅仅是来自一群微不足道的暴民，而是来自整个国家的愤怒"。

英国议会很想知道美国人为什么紧密团结起来反对，于是找来了宾夕法尼亚议会的伦敦游说家本杰明·富兰克林，听听他如何解释。富兰克林告诉议会，他们坚持对美国人民征税，这改变了美国人民对议会的看法。议会不再是"最伟大的支柱及美国人民自由和权利的保障"，除非议会取消《印花税法》，否则美国人将失去对英国的"尊敬和热爱"，更重要的是，他们还将切断"建立在这种尊敬和热爱之上的所有贸易"。美国人过去曾经很骄傲地"沉迷于英帝国的时装和制成品"，但如今他们骄傲地"重新穿上了他们的旧衣服，直到他们可以做新衣服为止"。他们宁愿不再穿着黑色的哀悼服饰去参加葬礼，也不愿再从英国购买了；他们还放弃了吃羊肉，这样羊羔可以长大，产出羊毛。富兰克林告诉议会，"这些可爱的小动物们现在都好好地活着，背上长着可以想象到的最漂亮的羊毛"。

如果议会取消了《印花税法》，殖民地是否会放弃"英国议会不得向他们征税"这一诉求？"不，绝不"，富兰克林回答道。"他

Die Americaner wiedersetzen sich der Stempel Acte, und verbrennen das aus England nach America gesandte Stempel-Papier zu Boston im August 1764.

图1　暴民们走上街头抗议《印花税法》,1765年

们永远都不会这样做，除非受到武装力量强迫"，但"没有什么力量——不管有多么强大——能迫使人们改变他们的想法"。

有没有除了武力之外的任何东西可以执行《印花税法》？即使一支军队也不能让这项印花税法在美国实施。士兵们在那儿"会发现没有人持有武器"，"他们并不会发现叛乱，但可以制造一场叛乱"。

前任英国首相威廉·皮特号召议会取消这一"令人不快的""违宪的""不公平的""压迫性质的"法律，并质问议会如何能够解释为什么一个"只有几间房子的英国自治区"都可以在议会有代表，三百万人口的美国人却没有任何代表。皮特预计，这场和美国人民之间的斗争将会迫使英国政府进行改革，而"我们宪法中腐烂的部分"将彻底消失。

议会取消了《印花税法》，但通过了《宣言法》，它主张"在任何情况下"英国都有权控制北美殖民地。

美国人民把这次取消看作英帝国内部而非国与国之间的一场胜利。费城人直到6月4日在庆祝完乔治三世诞辰后，才开始庆祝他们自己的胜利。约翰·亚当斯写道，（印花税的）取消"使民众发起的一次次骚动平息下来，实现平静、和平的安宁"。这相对于1765年以来的骚乱、起义和暴动来说是一个巨大的改变。美国人民相信，那些关于贸易损失的抗议、请愿和警告，已迫使英国议会废除了该法律。他们可以接受《宣言法》的存在，只要议会并不真正执行它。

但在1767年，英国财政大臣查尔斯·汤森德提出了一系列新的税收法，对所有进口到殖民地的铅、玻璃、油漆及茶叶征税。海关征税官被派到北美以确保这些税依法上缴，同时成立了新的海事法院来审判违反税法的相关船只案件。这些新的税法——通常被称作"汤森德系列税法"——再一次触发了政治和社会的紧张局势。

超过六百名波士顿市民——其中二百人是妇女——一致同意不再购买任何需征税的英国进口商品。费城律师约翰·迪金森写了一系列文章——"农民来信"，主张英国议会无权向殖民地征税。迪金森承认，英国议会可以对商贸实行管制，但同时表示，殖民地只有经他们自己同意——经他们选出的议会——才能被征税。

纽约议会抗议英国议会无权向殖民地征税，亨利·摩尔爵士作为当时的纽约总督，暂时关闭了当地议会。在马萨诸塞，弗朗西斯·伯纳德总督要求当地议会取消它送往其他殖民地号召抵抗的信；当遭到拒绝后，他立即解散了议会。这些对议会一系列的打击使得这场斗争变成了一个专制政权和人民自治政府之间的斗争。这些被暂时关闭的议会的领袖们，联合"自由之子"组织了抵制英国货的运动。

妇女们拿起了她们的纺纱机——这对孤单的女人们来说曾是一件普通的家务事，她们把羊毛纺成纱线，将纱线再织成布，现已成为一个公开的政治举动。在纽波特，九十二名"自由之女"将她们的纺纱机带到会议大厅，一天之内一共织出了一百七十束纱线。制作和穿上家庭纺制的布料成为一个政治抵制举动。

由于担心抵制和抵抗将升级为暴力行动，伯纳德总督要求英国军队来波士顿维持和平。两个英国军团于1768年10月抵达。本杰明·富兰克林认为，派军队前往波士顿"好比在装满火药的弹药库里安装一个铁匠的熔炉"。

富兰克林被证明是对的。1770年3月5日，起义者攻击了英军主要的兵营，在随后的街头打斗中，英军向一队市民开了枪。五位市民被杀，当地领袖迅速称此为"可怕的屠杀"。保罗·里维尔为此事制作了一幅雕刻画，刻画出一队整齐的士兵向无辜并手无寸铁的市民开枪，州议会大厦和第一教堂在惨案现场隐约可见；在这一雕刻画中，英国士兵的专制势力侵犯了波士顿人民的合法政府和精神权威。

在此次冲突之后，波士顿市政府要求英国军队离开，并警告说周边城镇约一万市民已准备好攻入，把英军赶走。副总督托马斯·哈钦森（在伯纳德回英国之后他实际担任了总督一职）妥协了，把惨案涉事的英国士兵抓捕起来，并把其他人派往新泽西。

两名领头的爱国人士（反对税法的人如此称呼自己）站了出来为被指控的士兵辩护。约西亚·昆西和约翰·亚当斯希望英国军队从城里撤出，但他们也希望证明，波士顿并不像伯纳德描述的那样，是一个不可治理、暴乱的地方。通过对向波士顿街头无辜市民开枪的英国士兵进行一场公正的审判，昆西和亚当斯可以证明，波士顿人民是守法的。两名士兵被证实犯过失杀人罪，这仍是死罪。亚当斯帮助他们把刑罚减少为在他们的拇指上打烙印，其他士兵被无罪释放。当英国军队撤离后，波士顿平静了

图 2　保罗·里维尔的雕刻作品刻画了美国人是如何看待波士顿惨案的：英国士兵站成一条直线，向手无寸铁的人群开枪。有人从海关大楼（此处被贴上了"屠夫大厅"的标签）的窗户里开枪。背景里隐约浮现的是州议会大厦和第一教堂——已被穿制服的武装队伍侵犯的合法政府和精神秩序

下来。英国议会通过取消绝大多数的汤森德税缓和了紧张局势，但同时也证明，它仍有权对美国人民征税，它保留了茶叶税。

　　除了英国议会无权向他们征税之外，各殖民地之间几乎没有统一意见。马萨诸塞和纽约之间长期以来就康涅狄格和哈德孙河之间的土地所有权纷争不断；纽约与新罕布什尔因为佛蒙特而处在战争一触即发的边缘，而佛蒙特当地人则坚决不同意归属任

何一方。宾夕法尼亚和康涅狄格都宣称拥有怀俄明谷，而康涅狄格开拓者们按照他们的17世纪特许状一直在当地种植。

美国人对土地的渴望导致了各殖民地政府和印第安人之间的冲突；从马萨诸塞到佐治亚，白人开拓者们紧盯着印第安人的土地。科德角的马什皮瓦帕侬人派代表去请求国王保护他们免遭马萨诸塞政府欺压，因为该政府允许白人购买他们的土地。在南北卡罗来纳和佐治亚，偏远地区的农民不断搬进切罗基族和克里克族人的土地。北卡罗来纳派丹尼尔·布恩到西边去向切罗基人购买田纳西和坎伯兰河之间的土地，尽管切罗基族并不实际拥有这块土地。

弗吉尼亚的皇家总督邓莫尔勋爵，写信给时任美国事务大臣的达特茅斯勋爵，表示1763年颁布的关闭跨阿巴拉契亚山脉以西的宣言，"并不足以限制美国人，他们在自己的贪欲和无法满足的欲望驱使下正在或将要迁移过去"。美国人"想象着远方广阔的土地，要远比他们已实际开拓的土地更好"。邓莫尔还表示，美国人"对土地没有归属感，乐于四处漂泊似乎植根于他们的天性之中"。

邓莫尔看到了两个可能的结果，两者都令人难受。开拓者们可能会搬进印第安人的土地并与他们通婚，这一行为"导致的可怕结果可以很轻易地预见到"。或者，各殖民地政府可以监督西进运动，允许白人开拓者们"在旧殖民地的基础上，自行成立他们自己的民主政府"。邓莫尔决定要让弗吉尼亚政府控制边疆地区。

遵照邓莫尔的命令，约翰·康纳利博士于1774年重建了被废弃的皮特要塞，将之重新命名为邓莫尔要塞，并从这里开始了一场与肯塔基的萧尼族、俄亥俄的明戈族之间的战争。英国派往易洛魁地区的执法官威廉·约翰逊爵士，阻止了易洛魁族支持他们的明戈族、萧尼族盟军抵抗弗吉尼亚。在没有易洛魁族支持的情况下，萧尼族和明戈族无法抵挡咄咄逼人的弗吉尼亚军队，后者最终赢得了在肯塔基，即今天的西弗吉尼亚狩猎的权利。

北卡罗来纳这时刚刚摆脱自己的内部战争。山麓地带的农民们对于他们的政府坐落在沿海，却控制着他们的土地并向他们征税感到十分愤怒。政府官员——地方法官和地方执法官——征收高额费用。由于害怕山麓的农民们发动起义，同时也知道陪审团将会支持他们自己的邻居，北卡罗来纳政府命令对于边疆闹事者的审判将在新伯尔尼进行，在那里，总督托马斯·泰伦用纳税人的钱建起了一座华丽的总督府。北卡罗来纳偏远地区的农民们，因政府向他们征税却既不保护他们，也不代表他们而感到异常愤怒，于是他们开始管理自己的事务，关闭了法院，将执法权掌握在自己手中。泰伦发动军队去镇压这些"管理者"，于1771年在阿拉曼斯溪经过一场激战打败了他们。北卡罗来纳的管理者们尽管被镇压却并没有认输，他们继续对远方的毫无作为的政府持高度怀疑态度。泰伦离开了北卡罗来纳去担任纽约的总督。

在马萨诸塞，一切还相对平静。"要不是有那么一两个亚当斯的话，"新任命的总督托马斯·哈钦森写道，"我们这里会一切安好。"塞缪尔·亚当斯并没有闲着。"自由之子"在各殖民地想法相同的人们之间建立了一张沟通网络，亚当斯遵循着"自由之子"的模式，于1772年11月成立了"波士顿通信委员会"，一个由二十一位成员组成的联络不同城镇有相同思想的人民的组织。"我们正在酿造一些东西，它会让一些人的头发晕"，托马斯·扬博士写道。随着马萨诸塞的市镇建立了通信委员会，马萨诸塞议会的工作人员亚当斯也在议会中成立了通信委员会，以联络其他的议会。到1774年，每一个殖民地议会都建立起了一个与其他议会联络的委员会；这确保了波士顿在随后即将发生的危机中不会孤立无援。

"这里的煽动性叛乱已在每一个殖民地都燃起了火花"，总督托马斯·盖奇给英国政府写信，他是英国军队在北美大陆的总指挥，驻扎在纽约。他指责英国反对党的"言论、文章和抗议"挑动起殖民地不满情绪的火花。伦敦的饶舌者贺拉斯·沃波尔把这些认为是英国软弱无组织的反对党挑起了北美的不满情绪称为残酷的指控："也许就好比用一块湿抹布点起了一把火。"

美国并不需要英国的反对党，因为英国政府本身就积极地燃起了这把火。海军上将约翰·蒙塔古的舰队沿着美洲海岸巡逻，名义上是为了抓捕走私犯。"加斯皮"号上的威廉·达汀斯顿中尉很确信，他所看到的所有驶离罗得岛的捕鱼船和商船都从事走私。他尽一切可能阻止并搜查了每一艘船，并通过抢劫罗得岛上的农场为"加斯皮"号提供补给。渔民和农民们向他们的总督抱怨，总督向海军上将进行了投诉，蒙塔古却警告说，任何干扰达汀斯顿的人都会被吊死。这位中尉此后对待罗得岛居民就更加严苛了。

渔民和商人们决定自己动手解决这些问题。当达汀斯顿让"加斯皮"号过于靠近纳拉干西特岸边的时候,渔民和商人们登上了这艘船,强迫水手们下船,并在这艘纵帆船上点起了火。蒙塔古收到了来自伦敦的命令,要抓住这些犯人,把他们押送至英国作为海盗接受审判。但罗得岛大法官斯蒂芬·霍普金斯拒绝进行逮捕。海军上将蒙塔古抱怨道,除非动用武力,否则英国议会的法律无法在美国施行。

英国政府从未将这十三个社会结构和政治体系各异的殖民地看作英帝国这个整体中重要的一部分。当法国对他们构成威胁的时候,殖民地的人民也没有为了英国的利益团结起来。但是现在,当英国政府试图使他们成为帝国版图中不可分割的一部分时,殖民地人民反而开始团结起来,抵抗打算统治他们的英帝国。

第二章

殖民地叛乱

　　乔治三世是彻彻底底的英国人，他决心成为一位最好的启蒙传统中的"爱国君主"。他的祖父乔治二世，以及曾祖父乔治一世，都是来自汉诺威的德国王子，他们不会或只会一点点英语，定期回他们的日耳曼公国。但乔治三世从未离开英国，并在他的王位上掌权近六十年。他登基后的头一个十年并不稳固，直到他任命了弗雷德里克·诺斯勋爵担任首相。诺斯勋爵持有和国王一样的管理国家的态度，并于1770年到1782年间担任了英国首相。

　　在诺斯提出《茶叶税法》的时候，国王和诺斯都没有想起美国，因为该税法更多是与帝国本身和诺斯内阁相关。东印度公司当时已接管了印度，这使他们可以预期获得大量财富，也让他们背上近在眼前的巨额债务。诺斯提出借给该公司一百五十万英镑（约合今天的二亿七千万美元）。作为回报，他可以任命公司的总督。该公司还享有在北美销售茶叶的垄断权，可以直接向北美市场运送茶叶而无须支付英国销售关税。

　　"这一天终于来了，"费城商人协会在了解到《茶叶税法》时发出感叹道，"我们必须做出选择，是要做一个自由人，还是像奴隶一样苟延残喘地活着。"《茶叶税法》将使美国人屈从于"英国腐朽又狡猾的内阁"，并将他们从"无价的美国自由人变为奴隶"。美国人一定不能让英国议会具有控制他们命运的权力。费城人决定，任何茶叶都不能运进来。

一队波士顿暴民袭击了茶叶商人理查德·克拉克的家。当第一艘运送茶叶的船"达特茅斯"号于1773年11月28日抵达波士顿港时，超过一千人拥进了法尼尔厅去抗议它的到来。"自由之子"派驻了士兵以确保没有任何茶叶可以卸载。按照英国的法律，一艘船可以在抵达港口二十天之内不卸载货物，超过这个期限，货物则必须缴税。"自由之子"和城里的领袖们——塞缪尔·亚当斯、约西亚·昆西及其他人——决定既不让茶叶卸载，也不让它缴税。而茶叶商人——都是美国人——则希望茶叶可以卸载并销售。船主们——也都是美国人——只希望他们的船只不受损伤，这样可以继续装上货物驶回英国。在接下来的几周里，又有两艘船抵达波士顿，但再没有新的船只抵达美国港口了，波士顿人于12月16日晚上采取了行动，即茶叶必须卸载并缴税的最后期限。当天晚上，波士顿人装扮成印第安人登上了这三艘船，把342箱货物吊起放在甲板上，将92 586磅重、价值9 659英镑（约合今天的一百七十万美元）的茶叶倒进了港口。

"这是迄今为止最伟大的行动，"约翰·亚当斯写道，"爱国者们这最新的努力体现出他们的尊严、主权和高尚，让我深深地敬佩。如果没有人做出这些值得纪念的、著名而惊人的事情，人们就永远不会站起来。销毁这些茶叶的举动十分大胆、英勇、冷静、无畏而不屈，它必将产生无比重要且久远的后果，我只能把它看作一个划时代的事件。"

销毁茶叶的举动（此后五十年它都未被称为"波士顿倾茶事件"）带来了戏剧性的后果。保罗·里维尔把这个消息带去了纽约，纽约决定不再运抵茶叶，同时茶叶承销商也纷纷辞去了销售茶叶的职务。该消息于圣诞节前一天传到费城；而圣诞节当天，"波莉"号船进入了特拉华。八千名费城人在州议会大厦门前聚集，要求"波莉"号立即返回英国。"波莉"号照做了。美国人不会接受这些茶叶。当一艘走错航线的船于4月开进切萨皮克湾时，船主人害怕别人知道他是茶叶商人而给自己和自己的名誉带来不好的影响，于是将这艘满载货物的船付之一炬。

由于美国人团结起来抵抗英国议会和东印度公司的茶叶，议会进行了回击，关闭了波士顿港，直到这座目无法纪的城市赔偿茶叶款；它还暂时关闭了马萨诸塞政府，要求市政会议需获得总督允许；并把选择警长、地方法官和总督议会的权力交给总督，而不是当地人民。英国军队驻北美总指挥托马斯·盖奇将军被任命为新总督，他还受权将军队安置在平民家中。最后，英国议会将魁北克的边界延伸至俄亥俄河和密西西比河，把这片土地从弗吉尼亚、宾夕法尼亚和纽约分割出去，并授予加拿大天主教徒在这里从事宗教活动的自由。诺斯和英国政府相信，马萨诸塞是格外反叛的，但其他大部分殖民地还是忠心的。孤立马萨诸塞，防止叛乱传播开来，最终，即使是那些爱制造麻烦、好捣乱的马萨诸塞人也将恢复理性。

新英格兰人纷纷动员起来阻止孤立。罗得岛议会号召各殖民地派代表参加大陆会议。约翰·亚当斯预测，"这片大陆上最睿智的人"将解决这场危机。

男人和女人们都加入了这项事业中。北卡罗来纳伊登顿的五十一位妇女签署誓言，不购买茶叶或其他英国商品。在从伦敦给远在北卡罗来纳的家里写信时，阿瑟·艾尔德尔问道："伊登顿也有女性代表大会吗？我希望没有，因为我们英国人很害怕男性代表大会，但如果连自亚马逊时代以来就被认为是最强大敌人的女性也要攻击我们的话，那最致命的结果是令人恐惧的。"尽管艾尔德尔的语气带一些嘲弄，但事实就是，现在女性已真正加入这场政治运动中来了——英国的政策已在家里、酒馆里和咖啡厅里都挑起了反抗——适时地给政策制定者们敲响了警钟。

当大会于1774年9月在费城召开的时候，除了佐治亚，其他所有殖民地的代表都出席了。这些殖民地会支持波士顿吗？还是会劝波士顿人支付茶叶赔款，不再制造麻烦呢？

波士顿城外已被盖奇将军和英国军队占领，来自萨福克县各城镇的代表在这里聚集，试图解决"不可容忍系列法"——关闭港口、暂停政府、扩张魁北克、允许驻扎军队——都违背了英国宪法。他们号召暂停与英国之间的贸易，同时，由于英国议会非法吊销了他们的许可证，他们还号召马萨诸塞人民组成新的政府。保罗·里维尔在9月11日带着这些决议离开了波士顿；六天之后，这些决议获得了代表大会的一致通过。亚当斯在他的日记里写道："这是我一生当中最快乐的日子之一。这天使我相信，整个美国都将支持马萨诸塞，或同她一起毁灭。"

代表大会向英国国王请愿，请求他放过波士顿，并改变政策，同时号召魁北克人民加入他们。大会提议如果英国政府没有正面回应他们的请愿，他们将于1775年5月再次召开会议。

在波士顿，盖奇将军在试图平息事态。他听说各城镇都从查尔斯敦（如今在萨默维尔市）的一个州火药库领取弹药，于是将剩余的火药运往波士顿。这引起了肆意的谣言，说英国舰队轰炸了波士顿，并杀了六个人。四千人聚集在坎布里奇公地。他们不能也不愿攻打盖奇或他的军队，于是攻击了当地保守派们的家，保守派们纷纷逃往波士顿寻求盖奇的保护。

尽管有国王的委任，盖奇也明白，他的实际权力范围只在他的军队控制地区之内。马萨诸塞城镇的人民承认的是另一个政府——市政府，在市会议中由大多数人投票产生。愿意对国王及他的合法政府保持忠诚的男人和女人们不得不从家里逃出来，在盖奇这里寻求保护。

12月，新罕布什尔的朴茨茅斯民兵惊动并战胜了驻守威廉和玛丽要塞的六名英国士兵，偷走了那里的大炮和军需品。1775年2月，塞勒姆的民兵动员起来，从英国正规军手中缴获了大炮。美国人并不攻击士兵——他们封锁了塞勒姆的道路，以阻挠英军的前进——而是迫使他们要么投降，要么就开第一枪。"让你的敌人处在错误的境地，使他不得不犯错，"塞缪尔·亚当斯于3月写道，"这是政治上一条睿智的准则，在战场上也是如此。"

盖奇和伦敦当局都调解失败了。前任首相威廉·皮特提出把盖奇的军队从波士顿撤出，并使英国议会在美国的权力仅限于向殖民地收税。然而，议会最终听从了诺斯勋爵的指挥。议会于1775年2月9日宣布马萨诸塞陷入叛乱，要求逮捕州政府领袖，并授权盖奇使用武力来恢复英国管辖。1775年4月14日，当盖奇收到以上指示时，立刻迅速行动起来。四天后，他派出八百人的军队前往离波士顿十七英里之外的康科德，摧毁当地保存的军需品。

他们的行动并未能保密太久。威廉·道斯和保罗·里维尔溜出波士顿去提醒当地民兵，到黎明时，当英国军队抵达莱克星顿时，约七十名民兵已在公地集合。当他们听见英国军开进城里，一些民兵就敦促他们的队长约翰·帕克放弃公地——几十个未经太多训练的民兵根本不是八百名英国常规军的对手。但帕克命令道："坚守阵地！不要开火，除非敌人先开枪！但如果他们想要开战，就让它在这里开始吧！"

当英国军队在面前汇集的时候，帕克又有了新的考虑。"解散，你们这些叛乱分子，"一个英国军官叫道，"该死的，扔下你们的武器，解散！"帕克于是命令自己的人解散。一些人开始离开，但其他人并未听到这个命令。在混乱中，随着越来越多的英国士兵加入进来，其他人于是挪到了民兵们的左侧，突然枪声响起了。没有人知道究竟是谁——民兵、英国士兵还是旁观者——开了第一枪，但英国人开枪了。民兵纷纷从英国军队旁逃开，几乎没有时间开枪回击，留下了八名民兵被打死在公地上。一名英国士兵受了伤。英国军队继续向康科德前进。

他们在康科德并没有找到什么。由于收到了英军来袭的警告，叛乱者们藏起了他们的物资。英国人捣毁了三门大炮，把一些子弹丢进池塘里，并在康科德市政厅前用炮架点起了大火。眼看着大火将要蔓延开来，士兵们帮着当地人保护市政厅。

沃尔特·劳里上尉率领分遣队向城北进发。在康科德河上的北桥，他们遇上了来自附近城镇的五百名民兵，他们一大早收到了警报，就向康科德进发。这些民兵编队整齐，在北桥旁的山坡上加入了来自康科德的民兵。当这些美国人接近北桥时，又有两支英国编队在河对面加入了劳里的队伍。在混乱中，英军隔着河开了枪。尽管有两名美国人被打死，但其余的人继续行进。康科德的陆军上校约翰·布特里克的家族自1638年开始就在这片土地上耕耘，他大喊："开火，伙计们，看在上帝的分上开火吧！"

布特里克的士兵于是开枪了。令他们惊讶的是，英军开始向康科德撤退。劳里没有任何理由继续推进——他知道军需品已被摧毁了——但对美国民兵来说，看到英国士兵在自己的火力下撤退是一件新鲜事。民兵非常大胆地进行了追击。此时，警报已经传递得很远了，更多民兵从东马萨诸塞、新罕布什尔和罗得岛赶来。六支不同的新英格兰民兵队伍，在英国军队从康科德向莱克星顿撤退时发起攻击，向波士顿的完全撤退，对英国人是一场折磨。从身后的墙、房子和树后面，美国人不断地向英军开火，或者快速组织好一个个埋伏，等在那里攻击英国士兵。"我们在连续的火力中撤退了十五英里，"休·珀西勋爵报告说，"他们就像一个移动的圆环，无论我们到哪儿都包围、尾随着我们。"

当英军终于抵达安全的查尔斯敦时，他们一共损失了六十五人，一百八十人受伤，还有二十七人失踪。而美国这边死了五十人，三十九人受伤，五人失踪。比被他们眼中的乌合之众击败更糟糕的是，英国士兵发现，他们已经被一万五千名新英格兰民兵包围了，他们在波士顿西北部的坎布里奇扎营，并一直延伸到罗克斯伯里的南边，使盖奇的部队无法补给食物和柴火。

民兵在新英格兰各地聚集起来。本尼迪克特·阿诺德，一位康涅狄格的商人、船长，领着一队志愿者向北来到尚普兰湖。在那里，他和伊森·艾伦的"绿山男孩"联合起来——他们原是为了保卫佛蒙特免遭纽约的侵犯——这支联合队伍于5月9日让英军在提康德罗加要塞的驻防猝不及防，他们要求英军交出要塞和大炮。当受到惊吓的英国指挥官问他在向谁投降时，艾伦回答道："以耶和华和大陆会议的名义。"

大陆会议的代表们第二天再召开会议的时候，并不知道艾伦大胆地用他们的名义俘获英军。但他们知道莱克星顿和康科德事件，这似乎就是英国对他们请愿的回应。乔治·华盛顿身着弗吉尼亚民兵陆军上校的制服出席，标志着请愿的时机已经过去。约翰·亚当斯提议，会议将包围波士顿的民兵改编为大陆军，并提名华盛顿为总指挥。他的表兄塞缪尔支持该提议。华盛顿同意了，并要求不收取任何薪金。华盛顿告诉帕特里克·亨利这将让他的公众声誉毁于一旦，然后动身前往坎布里奇，于1775年7月3日接管了民兵队伍——现在称为大陆军。

这支大陆军究竟为何而战呢？会议通过了《拿起武器的原因和必要性之宣言》，重申了对英王的忠诚，但坚持人民有管辖自己的基本权利。会议的部分领导,例如约翰·迪金森,还没有准备好再推进一步。约翰·亚当斯将会议比作一支"在护卫下航行的大舰队。最快速敏捷的水手们必须等待最迟钝、最慢的那些人"。但舰队的航行目标仍然是个谜。

英国则有一个更清楚的目标——恢复殖民地的忠诚——但没有明确的策略来实现这个目标。部分英国军事参谋倾向于封锁,尽管如果他们的海军在北美巡逻,法国和西班牙就会威胁印度、西印度群岛,甚至英国本土。若靠陆军实现军事征服则需要至少两万人——超过英国能够部署的人数。政府内阁各大臣之间、大臣和军队指挥官之间,以及在美国的各将领之间,有着根本性的不同意见,这阻挠了战争的努力。军事家们对如何取得战争胜利各有看法,但他们都同意在新英格兰之外的大部分美国人都忠于英国。孤立新英格兰,英国就能够确保这部分美国人对英国的忠心。

至此,又有三名英国将军抵达波士顿。威廉·豪取代了盖奇担任总指挥;亨利·克林顿任军队第二指挥官(并最终接替了豪的位置);约翰·伯戈因也来了。豪、克林顿和伯戈因对所有的事情都持不同意见,只除了一件事:盖奇的策略过于怀柔。也许他的确如此。克林顿相信,盖奇的美国太太玛格丽特·肯布尔·盖奇将信息泄露给了美国反叛军。尽管这些指控从未被证实,但盖奇太太如大多数美国人一样,在自己的忠诚中挣扎。

豪也是一样。他1774年参选议会,反对那些他认为导致了和美国人开战的内阁政策,他曾宣誓不参与这场战争。他的哥哥乔治在"七年战争"中领导马萨诸塞军队时战死，他的家族对马萨诸塞为乔治·豪的威斯敏斯特教堂纪念碑出力一事表示感激。他的姐姐凯瑟琳曾安排了一个非正式会面，请了他们的兄长理查德海军上将本人，以及美国人的说客本杰明·富兰克林。现在，豪在波士顿将指挥一场旨在恢复美国人忠诚的战役。他认为，显示出军事力量上的压倒性优势将会驱散美国民兵；之后新英格兰人就会妥协。

克林顿对此有不同看法。英国应该孤立新英格兰人，而不是试图让他们妥协。他们的大本营应该在纽约，而不是波士顿。他对纽约十分熟悉，因为他父亲在那里担任了十年的总督。一万英国士兵可以保护中部殖民地的忠诚臣民们，另有一万士兵可以从加拿大沿着尚普兰湖和哈德孙河而下，集合保皇派们和易洛魁人，孤立新英格兰。这需要两万人的军队以及海上封锁。如果这个要求太高，克林顿就提议将英国军队撤往加拿大和佛罗里达。"无政府状态和秩序混乱——这必然是他们的命运"，将最终使美国人相信，他们的反叛是十分愚蠢的。

豪和克林顿在短期及长期目标上都持不同意见，但他们都发现波士顿出现了他们未曾预料到的情况。在他们离开英国的时候，他们并不知道一支美国军队包围了波士顿，并控制了周围郊区。利用科德角捕鲸船，反叛军彻底带走了港口各岛上的羊和猪，使英军只能靠咸肉维持。当英军的一支觅食队伍从遥远的康涅狄格带回了一些急需的奶牛时，当地的媒体如此嘲笑他们：

从前，英国军队让好战的国王卷入战争，但现在，他们的勇气萎靡不振，因为盖奇只要没有价值但无害的牲畜。

不过，这些初来乍到的将军们依然很乐观。"让我们来吧，"当伯戈因被告知英国士兵受困在波士顿狭窄半岛上的狭小范围内时，他说，"我们将会很快找到能施展的地方。"把自己安顿在约翰·汉考克的华丽比肯山大厦的同时，克林顿建议道，最好的施展空间就是多切斯特海峡南侧，附近地区的制高点。控制高地将让英军掌握港口、城堡岛，以及波士顿、多切斯特和罗克斯伯里等城镇。但是，因为确信反叛军不可能控制多切斯特高地，英军于是未在此处设防。

6月16日，克林顿观察到反叛军向查尔斯敦的邦克山移动，这是波士顿北面的最高点。英军已从4月开始就在邦克山驻防，但盖奇把他们都撤走了，没有想到反叛军会利用这座山来攻击波士顿。

现在，克林顿和豪催促立即发动攻击。第二天早上，6月17日，英军开始进攻，要将反叛军从邦克山赶走，接着将他们赶出他们在坎布里奇的大本营，再越过查尔斯河，将他们赶离罗克斯伯里。这个三日计划将驱散反叛军队，让英军获得他们急需的活动空间。当英军当天早上乘渡船前往查尔斯敦时，其他人就烤好面包和肉，为远征做准备。

那是一个闷热的6月的一天下午，英军已准备好在查尔斯敦上岸。当豪的士兵吃完晚饭时，大约三点钟，豪带着他做好准备的士兵们开始慢慢登上邦克山正南面的布里德山。从这座山的山顶,他们可以看到反叛军在邦克山的防御工事。

但他们没有这个机会了。当英军到达布里德山顶时,一阵激烈的扫射火力从埋伏在山顶的要塞中射出。前一天这个要塞还没有在布里德山出现,如今它却已遍布新英格兰的民兵们,他们向低处瞄准,对准了英国军官,且一直等到确保可以击中时才开火。曾有这样的传说:为了节省弹药和确保命中目标,托马斯·普雷斯科特喊道:"不要开火,除非你已看清他们的眼白。"第一阵营的英国步兵们伤亡惨重,不得不撤回山下。

豪命令发起新一轮进攻。跨过死伤的士兵,英国军队到达了山顶,但精准的火力让他们再次撤退。

从波士顿的考普山上,伯戈因看到查尔斯敦的狙击手们在英国士兵不断推进的时候将他们逐个击倒。他命令大炮将燃烧弹发射到查尔斯敦,它燃起了大火。克林顿将军命人划船送自己过河,带领更多的士兵加入战斗。在第三次进攻时,士兵们将背包放在山下,迅速登上山顶。

现在军需品几乎耗尽了,美国防御军于是决定放弃布里德山和邦克山,保留实力以期再战。他们把剩余的军需品集中起来,一小股部队准备好拖住英军,其余的人则撤退到坎布里奇。在第三次进攻时,英国军队猛烈攻击装有刺刀的防卫墙,打击军需品已耗尽的剩余美国防御军。这残酷的最后一击赢得了战斗——英国旗帜终于飘荡在邦克山和布里德山上。但超过一千名英国士兵和军官或死或伤,剩下的兵力也不能突破查尔斯敦,美军得以幸存。在整个八年的战争中，英军将失去七十七名军官，其中二十五人死于1775年6月17日。罗得岛人纳撒尼尔·格林希望美国人能够以同样的代价卖给英国人另一座山。

尽管对美国来说这是一次失利，邦克山之役却证明了他们有能力战斗，并让豪和他的军队第一次尊敬自己的敌人。6月16日时，布里德山还是一片牧场；第二天，它的防御工事就拖住英军的两次攻击。如果美国人可以一夜之间做到这些，那他们在坎布里奇或罗克斯伯里又已经做了什么呢？陆军上校詹姆斯·阿伯克龙比汇报了他的军队里无根据的传言——"十分夸张地描述反叛军出现在空中，肩上扛着大炮和迫击炮。"

豪、克林顿和伯戈因认识到，波士顿从政治上和军事上来说，都不是一个好的英军基地。他们最优的选择就是离开这里，但英国政府把他们派到这里是为了赢得战争，而不是放弃领土，他们也不会容忍这么突然的撤退。但在他们控制波士顿的时候，美国人则得到了别的地方。理查德·蒙哥马利领导一支美军沿着尚普兰湖而上，在本尼迪克特·阿诺德围困魁北克时，占领了蒙特利尔。弗吉尼亚的反叛民兵打败了英国正规军及他们的保皇派盟军，迫使邓莫尔勋爵和皇家总督不得不登上一艘英国军舰避难。在英国议会里，查尔斯·詹姆斯·福克斯提到，尽管英军控制了波士顿，他们却被围困在那里及魁北克，他们的总督从弗吉尼亚被放逐，美军还占领了蒙特利尔。他宣布，不论是威廉·皮特、亚历山大大帝，还是尤利乌斯·恺撒，他们在所有的战争中所赢得的土地，都没有诺斯勋爵一次战争中失去的土地多。

在切萨皮克的船上，邓莫尔宣布了军事法令，让奴隶可以获得自由，只要他们起义反对他们反叛的奴隶主。这是孤注一掷的法令，但仍然威胁到蓄奴的弗吉尼亚人。一个南卡罗来纳人告诉约翰·亚当斯，一个英国军官答应"所有的黑人只要加入他的军队就可以获得自由"，这样可以迅速在佐治亚和南卡罗来纳征募到两万名黑人。"黑人有一种在他们内部交流情报的超凡技艺。可以在一周或两周之内传递出数百英里远"，尽管英国人明白，在解放奴隶的情况下，"托利派和辉格党都会失去他们的奴隶"，但并不希望在他们自己的西印度群岛上造成奴隶反叛，他们的制糖经济依赖当地的奴隶。

到了1775年年末的时候，英国在美国的统治崩溃了。国王宣布所有的殖民地都处于反叛状态，议会禁止了与这些殖民地之间的贸易，宣布他们不受英国保护，并威胁会抓捕任何出现在公海的美国船只。邓莫尔派了一支突袭队于1776年的第一天上岸，放火烧了诺福克。但禁止贸易和焚烧城市并不会恢复居民们的忠诚。

这些将军能阻止叛乱吗？或者能有另一个和缓的、不向美国人征税的内阁代替诺斯勋爵吗？包围波士顿的民兵们是继续围困扛过冬天，还是将回自己家去？如果他们回家，他们会愿意在春天的时候回来继续围困吗？不管是反叛军还是英军，都无法明确判断未来的形势。目标是和解还是镇压？或是宣布独立？

1776年1月的第二周，一本五十页的匿名小册子，对此做出了解释。《常识》有力地证明，殖民地联盟应该与英帝国决裂。美国人继续留在英帝国里的话，没有什么可以得到的，却可能失去一切。美国人拥有打败世界上军事实力最强国家的所有资源。小册子力争：独立不仅仅是可能，而是必须。

《常识》放眼未来，而不是过去。它并没有回忆自1763年以来的历史，或详述殖民地人民的不满。这场事业不仅仅是美国的。

> 太阳从未照耀过比这更加伟大的事业。"这不仅是一个城市、一个县、一个州或一个王国的事情；而是一片大陆——占地至少有地球可居住面积八分之一大。"这不只是关系到一天、一年或一代人；所有的子孙后代实际上都被卷进了这场较量，现在的行动或多或少都会影响到他们，甚至到时间的尽头……

> 噢！热爱人类的人们！敢于不仅仅反对暴政，更反对暴君的人们！起来吧！旧世界的每一处都充满了压迫。全世界都在追捕自由。亚洲和非洲很久之前就把她赶走了。欧洲把她看作外来者，英格兰发出警告让她离开。噢！接纳这一逃亡者，及时为全人类准备好一个避难所吧。

美国和英国必须分手。美国人不能继续和欧洲联系在一起。尽管英国政府比法国或西班牙的专制独裁要好一些，但它的君主制和贵族统治为人民充分享受人权设立了人为的障碍。美国人需要新的政府，它不是建立在欧洲过时的体系上，而是建立在美国人自己的理想之上。

"我们需要掌控它，重新开启世界。""自从诺亚时期之后"人们从未有过这样的机会。"一个新世界的诞生即将到来，在数量上也许可以和整个欧洲匹敌的一群人，将从几个月里发生的事件中获得他们的自由。"

截至3月，共有十二万册《常识》被卖出；到年底时，五十万本小册子正在印刷。作者并未能过久地保持匿名的身份。托马斯·潘恩一年前刚刚从英格兰过来，他有一段失败的婚姻，并有过失败的消费税官员的工作经历。凭着一封富兰克林的介绍信，他在费城找到一份工作，为杂志撰稿。他用《常识》一书改变了美国的政治动态。

当托马斯·潘恩作为一位匿名作者改变政治动态的时候，在新英格兰，一位不知名的前售书商，亨利·诺克斯则带来了军事动态的变化。如今他是一名华盛顿军队里的军官，1775年晚些时候，他历经辛苦，跋涉到提康德罗加要塞。利用租来的牛，诺克斯和他的部队拖着提康德罗加的重型火炮（艾伦和阿诺德春天缴获得来），穿过马萨诸塞的冰封道路及河流。他于2月将武器运抵坎布里奇的华盛顿部队。当华盛顿在坎布里奇的炮台从北面向波士顿开火时，约翰·托马斯将军，一名前医师，在1776年3月4日这个寒冷的夜晚，把大炮从罗克斯伯里运到多切斯特高地——克林顿曾于6月要求在此驻防。

当3月5日早上太阳升起时，豪和他的军队就看到前一天还是一片荒芜的山头出现了一座防御工事。预料到豪会攻打多切斯特高地，华盛顿于是问道，"波士顿人"是否同意在波士顿惨案纪念日的这一天——3月5日——允许英国人取得胜利？人们对攻击做好了准备,尽管它始终没有到来。

一场东北方向的暴风雪带来了大雪和狂风,使得英国人无法进攻。认识到波士顿不是一个有效的赢回殖民地忠诚的基地,并唯恐又一次发生如邦克山那样惨痛代价的胜利,豪于是命令他的部队撤退。1776年3月17日,英国军队和舰队,跟几千名马萨诸塞保皇派一起离开了这座城市,市政府得以恢复。

华盛顿预计豪和他的部队会开往纽约。等最后一批英国士兵一登船,华盛顿就命令自己的部队向纽约进军,以夺取它的港口。豪和他的部队取道新斯科舍的哈里法克斯,在那里他们让一千多名流放的保皇派登岸,然后继续驶向纽约。

在英国部队从波士顿撤退的同时,亨利·克林顿正试着保存忠诚的佐治亚以及南北卡罗来纳。他于3月抵达北卡罗来纳,预期能与来自北卡罗来纳山麓地带的六千名苏格兰高地人会合。不过,他只分别见到了南北卡罗来纳的总督约西亚·马丁和威廉·坎贝尔勋爵,几个奴隶相随左右。六千名高地人已被反叛民兵在摩尔的溪桥打败——靠近今天北卡罗来纳的威明顿。马丁和坎贝尔要求去克林顿的船上避难,并向他保证南北卡罗来纳仍保持忠诚。克林顿把这两位总督放在一座小岛上,等待他们忠诚的人民起义,而他们的奴隶则捕鱼和找野生卷心菜来养活他们。

此时,克林顿收到来自伦敦的新指示。忠诚的南北卡罗来纳不需要他了,一旦他得到查尔斯顿,就要回到波士顿去协助豪。克林顿认为这个计划"错误"而"荒唐",因为佐治亚或南北卡罗来纳并没有足够的"政府的朋友""在部队撤出后保卫他们自己"。他动员的所有保皇派在他离开时都将被牺牲掉；他和他的政府都不知道，豪已经放弃了波士顿。

克林顿6月起航驶往南卡罗来纳的查尔斯顿。他将先拿下防守薄弱的沙利文岛，这是通往查尔斯顿港口的一把钥匙。但恶劣的天气使他不得不待在海上，等到风和潮水终于转向的时候，反叛民兵已经在该岛布防。当地的情报员告诉克林顿，他的部队可以在潮水较低的时候从未设防的长岛涉水前往沙利文岛，那时候的潮水仅及膝盖。但事实证明，这一通道在低潮水的时候深达七英尺。冒着来自沙利文岛的密集炮火，克林顿的军队在水中苦苦挣扎，努力撤回到自己的船上。他们又试了一次想登上沙利文岛，但尽管他们的大炮重创了反叛军的防线，民兵们还是击退了他们。蒙羞且遭到卡罗来纳民兵耻笑的克林顿，只得出发与豪会合，此时豪已经在前往纽约的路上了。

英国的军事家们明白，他们需要的人远多过英国所能提供的数量。克林顿认为，俄国人很适合来美国打仗——英勇，适应各种气候，更重要的是，不可能逃跑，因为他们不会说英语。但叶卡捷琳娜大帝客气地回绝了，表示她不想暗示乔治三世不能解决自己的叛乱。于是英国又转向德国。作为汉诺威选侯，乔治三世将自己的五支德国军队借给作为英国国王的自己。这些军队代替了英国部队驻防在米诺卡和直布罗陀，而英国部队则驶往美国。汉诺威人待在欧洲，但从黑森-卡塞尔和不伦瑞克租借的部队去了美国。一万二千人——四分之一强壮的国民——和三十二门大炮从黑森-卡塞尔出发去美国；黑森-卡塞尔的领主收下了这些士兵的报酬和费用，另加上按照他们服役的年数及返回家乡后第一年，每年十一万英镑的补助。不伦瑞克公爵则收取了派往美国为英国国王战斗的七千名不伦瑞克士兵服役期间每年一万五千英镑及返回家乡后两年的三万英镑补助。

失去了波士顿，美国人占领了蒙特利尔，总督们被原以为忠诚的国民放逐，使得恢复美国殖民地更加地困难，但依然有可能。英国人受到了惊吓，但并未被打败。美国人需要更多的武器和船只来击败英德联军。但军事力量并未促进更多的忠诚和善意。而美国人的目标仍然不明确。是要如托马斯·潘恩和约翰·亚当斯所坚持的那样获得独立，还是英国议会撤回对他们的入侵？第一个问题引起了更多其他的问题，以至于不太可行；第二个问题看起来甚至更不可能，因为现在议会雇了德国雇佣兵来执行它的意志。

第三章

独 立

　　"我渴望听到你已经宣布独立，"阿比盖尔·亚当斯1776年
4月写信给她的丈夫约翰，"顺便提一句，在我猜测你将有必要制
定的新《法律准则》中，我希望你能记得女性同胞们，希望你能比
你的前辈们更加慷慨地对待她们，更照顾她们的利益。"她督促他
"不要给丈夫们授予毫无限制的权力"，丈夫们在当时的法律下控
制妻子们所有的财产。她督促她的丈夫要保护妇女免遭"邪恶而
且无法纪的丈夫"伤害，他们在当时的法律下可以"凶残而轻蔑
地"对待他们的妻子。

　　"请记住，任何人只要条件允许，都可以变成暴君。"她引用了
一句知名的政治格言说道。尽管阿比盖尔的引用更多地指向男
人们，而非整个人类。她警告道："如果没有对女性们提供特殊的
照顾和关心，我们会决心起来反抗，并将让我们自己不再受到任
何法律的束缚，如果它们并没有替我们发声或代表我们。"

　　约翰从费城给予她回应，他和会议代表正在那里努力解决关
于政府和独立的一系列问题，但他的回应并未使她满意。"对你
非凡的《法律准则》，我唯有发笑。我们已获知，我们的斗争已大
大缓解了各地政府的束缚。孩子和学徒们不再听话——学校和

大学变得十分混乱——印第安人怠慢他们的保护人，而黑人则开始对他们的主人无礼。"但她的信揭示出，一个人数更多、更强有力的群体正在崛起，他认为这是受到了英国政府的煽动。"在鼓动起托利派、土地劳动者、机会主义者、顽固分子、加拿大人、印第安人、黑人、汉诺威人、黑森兵、俄国人、爱尔兰罗马天主教徒、苏格兰叛徒之后，最终英国政府刺激女性来争取新的特权并威胁要叛乱。"

他说，男人比废除他们的"男性统治体系"——他说这只是一个想象——知道得更多。这次交流体现出宣布独立将是多么复杂。美国人不仅仅在他们同英帝国的关系上，同时在政府的基础以及社会性质上，都要采取立场。为什么女性要服从于他们丈夫和父亲的专制统治呢？如果美国人宣称自由是一个基本的与生俱来的权利，为什么每五个美国人中就有一个人是奴隶呢？在一个新的政治社会中，北美土著或宗教反对者们应该拥有什么样的角色呢？宣布独立，尽管很难，但还是证明比解决这些随着独立而来的其他难题要简单一些。

到了1776年春天，英国的统治在所有殖民地都崩溃了。各州代表大会和安全委员会，主要由被暂停的殖民地议会的成员组成，行使了政府管辖的各项职责。但是，他们因为英国议会超越权限而反叛，所以这些人十分谨慎，避免越过自己的权限。他们被设立为临时机构——谁赋予他们收税或要求服兵役的权力呢？1775年年末，代表大会指示两个寻求指导的殖民地——南卡罗来纳，那里的白人少数种族需要一个政府来避免黑人多数种族的叛乱,以及新罕布什尔——组建新政府。1776年5月10日,它号召所有的殖民地成立新政府。纽约的威廉·杜安认为,这一号召无异于"制造独立的机器"。

北卡罗来纳的代表大会指示它的代表们前来为独立进行投票,同时马萨诸塞各城市(除巴恩斯布特外)也于1776年4月就独立进行了投票。弗吉尼亚的代表大会5月决定,"这些联合的殖民地是且有权利应该是自由和独立的国家"。理查德·亨利·李于6月7日在代表大会做出上述提议,约翰·亚当斯支持了该提议。一些代表——被指示不要支持独立的纽约代表,以及特拉华的约翰·迪金森——则阻止了上述提议。为避免进行一场艰苦的争论,代表大会推迟了该投票。但它指定亚当斯、托马斯·杰斐逊、本杰明·富兰克林、康涅狄格的罗杰·谢尔曼和纽约的罗伯特·利文斯顿一起,共同起草一份宣言。

亚当斯从杰斐逊1774年写的《英属美利坚权利概观》,以及1775年的《拿起武器的原因和必要性之宣言》中了解到,这个弗吉尼亚人能够优雅而有效地阐述复杂的论点。这一宣言的目的不是为了开辟新的哲学领域,而是为了向代表大会中的每一个人以及他们所代表的各州人民提供一个根基。它必须清楚,没有争议,且完全与这个国家的主流态度保持一致。

该宣言的开头解释了这一文件的目的。一群人正准备同另一群人分开,并在世界各国之中取得自己的地位。他们在充分尊重世界上其他意见的基础上来阐述他们的理由,这始于一系列"不证自明"的事实——证明所有进一步行动合理性的基本假设。

这些事实包括：所有人生来平等；所有人都拥有一些"不可剥夺的权利"，包括"生命、自由和追求幸福"；为了确保这些权利，人们成立了政府，它的权力来自"被管理的人民的批准"；当一个政府开始侵犯而不是保护这些权利时，人民有权利改变政府，或废除它，成立一个新政府来保护自己的权利。这些都在一句话里进行了阐述。

第二句话表示，谨慎的人们不会为了"普通而短暂的原因"就改变一个政府，并且事实上，人们更可能选择受苦也不愿改变他们传统的体系。但是，当"长期的"暴政显示出这个政府在试图"把他们压迫在绝对的专制中"，人民就有权——实际上，是责任——"推翻这样的政府"，并成立一个新政府来保护他们的基本权利。

在解释了政府变得专制之前有权推翻它之后，该宣言列举出英国政府做出的令人不得不反叛的各项举动。这些不满并不令人惊讶：自1764年起，殖民者们就开始抗议英国议会通过的一系列法律——《糖税法》、《印花税法》、《宣言法》、"汤森德系列税法"、《驻营法》、《茶叶税法》、《波士顿港口法》、《魁北克法》、《禁止法》。但该宣言将批评的矛头从议会转向国王。事实上，"议会"从未被提及。所有的一切都指向国王，二十七条指控的每一条都以"他"开头。

国王拒绝批准他们的议会通过的法律，使法官们依赖于国王发放的薪水，在和平时期保持常备军，在平民家中驻军，"通过虚假审判"保护这些士兵逃避他们杀害普通居民"所应接受的惩罚"。这一条指向"波士顿惨案",有一点讽刺,因为约翰·亚当斯曾是这一"虚假审判"的被告律师。不满的清单仍在继续:国王切断了殖民地贸易;他建立起魁北克政府,或者,按该宣言所说的,废除了那个州的"英国法律的自由体系"(它最近才刚刚被引入英国法)。他取消了殖民地的许可证,关停了它们的立法机构。他宣布美国人民不再受到他的保护,并"大肆掠夺我们的海域,蹂躏我们的沿海地区,焚烧我们的城镇,残害我们人民的生命",现在还派来"大批的外国雇佣兵,要把这里变为死亡、废墟和暴政之地",同时,好像这一切还不够,他还唆使殖民地各处的武装奴隶和"残酷无情、没有开化的印第安人——他们众所周知的战争规则就是不分男女老幼,一律格杀勿论——发起叛乱"。

代表大会删去了杰斐逊草稿中的最后一个指控,即指控国王发动了"违背人性的残酷战争",通过在遥远的另一半球强制执行奴隶制,触犯了"遥远的、从未冒犯过他的人民"拥有的生命和自由这些神圣的权利。非洲奴隶贸易,"这一海盗战争",是"英帝国基督教国王"的耻辱政策,他"下定决心要坚持开放买卖人口的市场",否决了他们试图"限制这一卑劣贸易"的努力。

关于奴隶贸易的这一段,比其他任何关于国王的指控都要长得多。它最后以一个相关却完全不同的指控作为结论。国王不仅仅强迫美国人民购买奴隶,他现在还试图让这些被错误对待的人们"在我们当中拿起武器起义",通过杀害被国王强迫购买男女奴隶的美国人,赢回他们"被国王自己剥夺的"自由。杰斐逊指控国王,他让一些人(被奴役的)去杀害另一些人(殖民者们），以此来为他自己剥夺奴隶自由的罪行赎罪。代表大会删去了关于奴隶制和奴隶贸易的这一整段。

在列出这些指控后，该宣言坚持认为，美国人民关于改善的请愿只得到了不停的伤害作为回应。"一个王子，他的品格被他每一个符合暴君定义的举动打上了烙印，已不配再做自由人民的统治者。"过了若干年，亚当斯认为，也许他们不该把乔治三世称为暴君。乔治三世，立志要做一个"爱国之君"，为这个标签感到难过。但他个人并不该受到责备。美国人已就英国"立法机构"（指英国议会）试图"对我们实行无理的管辖权"向英国人发出了"呼吁"。但英国人对"这来自正义和同族同胞的声音"充耳不闻，所以美国人别无选择，只能"与他们脱离，并且以对待世界上其他民族一样的态度对待他们：战即为敌；和则为友"。

鉴于上述理由，该宣言宣布，联合的殖民地"是且有权利应该是自由和独立的国家"，取消一切对英国王室效忠的义务。它的结论即宣布殖民地人民与大不列颠国家之间的所有联系全部取消。

代表大会于7月2日投票支持了独立；两天后，它通过了该宣言。印刷商约翰·邓拉普在全国范围内发行了五百本册子。在最上面印着："1776年7月4日，于大陆会议"。这一文件以"美利坚合众国代表在大陆会议全体会议上的宣言"为名。用粗体显著印出的是"美利坚合众国"，它首次出现在印刷物中。这个新的国家有了自己的名字。

当费城人民于7月8日收到宣布独立的消息时，他们敲响了大钟，放起了礼炮。民兵列队游行，并拆毁了象征皇权的标志。

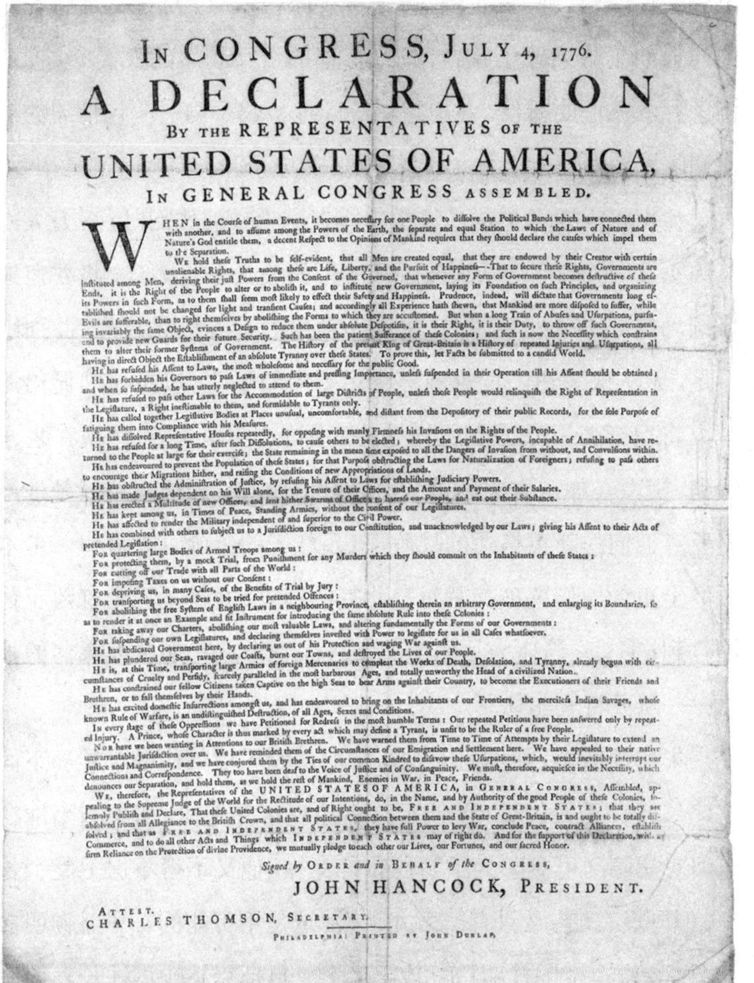

IN CONGRESS, JULY 4, 1776.

A DECLARATION

BY THE REPRESENTATIVES OF THE

UNITED STATES OF AMERICA,

IN GENERAL CONGRESS ASSEMBLED.

WHEN in the Course of human Events, it becomes necessary for one People to dissolve the Political Bands which have connected them with another, and to assume among the Powers of the Earth, the separate and equal Station to which the Laws of Nature and of Nature's God entitle them, a decent Respect to the Opinions of Mankind requires that they should declare the causes which impel them to the Separation.

WE hold these Truths to be self-evident, that all Men are created equal, that they are endowed by their Creator with certain unalienable Rights, that among these are Life, Liberty, and the Pursuit of Happiness——That to secure these Rights, Governments are instituted among Men, deriving their just Powers from the Consent of the Governed, that whenever any Form of Government becomes destructive of these Ends, it is the Right of the People to alter or to abolish it, and to institute new Government, laying its Foundation on such Principles, and organizing its Powers in such Form, as to them shall seem most likely to effect their Safety and Happiness. Prudence, indeed, will dictate that Governments long established should not be changed for light and transient Causes; and accordingly all Experience hath shewn, that Mankind are more disposed to suffer, while Evils are sufferable, than to right themselves by abolishing the Forms to which they are accustomed. But when a long Train of Abuses and Usurpations, pursuing invariably the same Object, evinces a Design to reduce them under absolute Despotism, it is their Right, it is their Duty, to throw off such Government, and to provide new Guards for their future Security. Such has been the patient Sufferance of these Colonies; and such is now the Necessity which constrains them to alter their former Systems of Government. The History of the present King of Great-Britain is a History of repeated Injuries and Usurpations, all having in direct Object the Establishment of an absolute Tyranny over these States. To prove this, let Facts be submitted to a candid World.

HE has refused his Assent to Laws, the most wholesome and necessary for the public Good.

HE has forbidden his Governors to pass Laws of immediate and pressing Importance, unless suspended in their Operation till his Assent should be obtained; and when so suspended, he has utterly neglected to attend to them.

HE has refused to pass other Laws for the Accommodation of large Districts of People, unless those People would relinquish the Right of Representation in the Legislature, a Right inestimable to them, and formidable to Tyrants only.

HE has called together Legislative Bodies at Places unusual, uncomfortable, and distant from the Depository of their public Records, for the sole Purpose of fatiguing them into Compliance with his Measures.

HE has dissolved Representative Houses repeatedly, for opposing with manly Firmness his Invasions on the Rights of the People.

HE has refused for a long Time, after such Dissolutions, to cause others to be elected; whereby the Legislative Powers, incapable of Annihilation, have returned to the People at large for their exercise; the State remaining in the mean time exposed to all the Dangers of Invasion from without, and Convulsions within.

HE has endeavoured to prevent the Population of these States; for that Purpose obstructing the Laws for Naturalization of Foreigners; refusing to pass others to encourage their Migrations hither, and raising the Conditions of new Appropriations of Lands.

HE has obstructed the Administration of Justice, by refusing his Assent to Laws for establishing Judiciary Powers.

HE has made Judges dependent on his Will alone, for the Tenure of their Offices, and the Amount and Payment of their Salaries.

HE has erected a Multitude of new Offices, and sent hither Swarms of Officers to harrass our People, and eat out their Substance.

HE has kept among us, in Times of Peace, Standing Armies, without the consent of our Legislatures.

HE has affected to render the Military independent of and superior to the Civil Power.

HE has combined with others to subject us to a Jurisdiction foreign to our Constitution, and unacknowledged by our Laws; giving his Assent to their Acts of pretended Legislation:

FOR quartering large Bodies of Armed Troops among us:

FOR protecting them, by a mock Trial, from Punishment for any Murders which they should commit on the Inhabitants of these States:

FOR cutting off our Trade with all Parts of the World:

FOR imposing Taxes on us without our Consent:

FOR depriving us, in many Cases, of the Benefits of Trial by Jury:

FOR transporting us beyond Seas to be tried for pretended Offences:

FOR abolishing the free System of English Laws in a neighbouring Province, establishing therein an arbitrary Government, and enlarging its Boundaries, so as to render it at once an Example and fit Instrument for introducing the same absolute Rule into these Colonies:

FOR taking away our Charters, abolishing our most valuable Laws, and altering fundamentally the Forms of our Governments:

FOR suspending our own Legislatures, and declaring themselves invested with Power to legislate for us in all Cases whatsoever.

HE has abdicated Government here, by declaring us out of his Protection and waging War against us.

HE has plundered our Seas, ravaged our Coasts, burnt our Towns, and destroyed the Lives of our People.

HE is, at this Time, transporting large Armies of foreign Mercenaries to compleat the Works of Death, Desolation, and Tyranny, already begun with circumstances of Cruelty and Perfidy, scarcely paralleled in the most barbarous Ages, and totally unworthy the Head of a civilized Nation.

HE has constrained our fellow Citizens taken Captive on the high Seas to bear Arms against their Country, to become the Executioners of their Friends and Brethren, or to fall themselves by their Hands.

HE has excited domestic Insurrections amongst us, and has endeavoured to bring on the Inhabitants of our Frontiers, the merciless Indian Savages, whose known Rule of Warfare, is an undistinguished Destruction, of all Ages, Sexes and Conditions.

IN every stage of these Oppressions we have Petitioned for Redress in the most humble Terms: Our repeated Petitions have been answered only by repeated Injury. A Prince, whose Character is thus marked by every act which may define a Tyrant, is unfit to be the Ruler of a free People.

NOR have we been wanting in Attentions to our British Brethren. We have warned them from Time to Time of Attempts by their Legislature to extend an unwarrantable Jurisdiction over us. We have reminded them of the Circumstances of our Emigration and Settlement here. We have appealed to their native Justice and Magnanimity, and we have conjured them by the Ties of our common Kindred to disavow these Usurpations, which, would inevitably interrupt our Connections and Correspondence. They too have been deaf to the Voice of Justice and of Consanguinity. We must, therefore, acquiesce in the Necessity, which denounces our Separation, and hold them, as we hold the rest of Mankind, Enemies in War, in Peace, Friends.

WE, therefore, the Representatives of the UNITED STATES OF AMERICA, in GENERAL CONGRESS, Assembled, appealing to the Supreme Judge of the World for the Rectitude of our Intentions, do, in the Name, and by Authority of the good People of these Colonies, solemnly Publish and Declare, That these United Colonies are, and of Right ought to be, FREE AND INDEPENDENT STATES; that they are absolved from all Allegiance to the British Crown, and that all political Connection between them and the State of Great-Britain, is and ought to be totally dissolved; and that as FREE AND INDEPENDENT STATES, they have full Power to levy War, conclude Peace, contract Alliances, establish Commerce, and to do all other Acts and Things which INDEPENDENT STATES may of right do. And for the support of this Declaration, with a firm Reliance on the Protection of divine Providence, we mutually pledge to each other our Lives, our Fortunes, and our sacred Honor.

Signed by ORDER *and in* BEHALF *of the* CONGRESS,

JOHN HANCOCK, PRESIDENT.

ATTEST.
CHARLES THOMSON, SECRETARY.

PHILADELPHIA: PRINTED BY JOHN DUNLAP.

图3　1776年7月4日的《独立宣言》首份印刷件，关于美国人民反叛之理由。这份文件创立了一个国家，它的生日是7月4日，名字是美利坚合众国

在全国各地，当人们在公开集会上听到诵读宣言后，他们的反应十分一致，敲大钟，放礼炮，拆下皇权标志。7月9日，华盛顿在纽约向他的军队诵读了宣言。于是，他的士兵和纽约人民一起，拽倒了乔治三世的雕像，并把它切成碎片。妇女们——包括纽约妇女和随军妇女——熔化了国王雕像，做成子弹。

他们将需要子弹。当这份宣言在曼哈顿被传阅时，三万人的英国军队，欧洲有史以来被派往海外的最大军事力量，将要在斯塔顿岛登陆。华盛顿明白，他的新英格兰士兵们武装落后，训练不足，无法保卫纽约抵御威廉将军率领的军队，以及他的兄弟海军上将理查德·豪爵士所领导的海军的攻击。华盛顿现在也了解到，美军在加拿大失利了。沿圣劳伦斯河一线的法军清楚地记得反对他们的新英格兰的战争，以及能干的英国总督盖伊·卡尔顿爵士集合他们突破美军对魁北克的围攻，并在三河镇打败了他们。到6月底，筋疲力尽的美军——深受天花和加拿大寒冬的折磨——从蒙特利尔撤军。

华盛顿清楚，纽约是无法防御的。为了控制住曼哈顿岛下面这座二万二千人的城市，他不得不控制布鲁克林，那里的高地在东河对岸隐约可见。为了掌控布鲁克林，他又不得不保卫整个长岛，但既没有船，又只有一万九千人，这是不可能的。华盛顿明白这个；豪将军也同样明白。他于8月22日把克林顿派往长岛南面的海岸。美国保皇派们聚集起来支持克林顿登陆；没有任何美国反叛军阻止他。很快，克林顿的德国和英国军队杀害或抓捕了一千四百名美国士兵，剩下的逃回他们在布鲁克林的大本营。长岛战役，整个美国革命史上最大规模的战斗，对美国人来说是一场灾难。

华盛顿有一半的军队此时陷在布鲁克林。豪可以轻易地捣毁、剿灭反叛军。但是，由于希望避免他自己的人以及受蒙蔽的美国人出现不必要的伤亡，他决定围攻布鲁克林。克林顿建议他在华盛顿的曼哈顿军队逃进布朗克斯之前，夺取哈莱姆河上的国王桥。但豪对曼哈顿下城更感兴趣，他兄弟的船只可以在那里停泊，同时可以进行调停。

海军上将豪在抵达斯塔顿岛时写信给富兰克林，建议他们见面商量调停。他回忆起他们曾于1774年在凯瑟琳·豪的伦敦家里见面下棋，讨论过维护富兰克林称之为"精美高贵瓷瓶一样的英国王朝"的方式。富兰克林此时表示，调停已不可能，他希望两国——而不是一国之内的人民之间——能够维持和平。他建议豪辞去他的职务，不要继续一场他清楚既不明智又不正义的战争。

但这是在长岛大溃败之前。豪把被俘的美国将军约翰·苏利文派往费城，让他向大陆会议提议派人来商议调停。苏利文激动万分地汇报说，豪可以撤销《宣言法》。约翰·亚当斯反对与豪进行磋商，希望"我们（驻长岛的）军队在溃败那天发出的第一颗子弹就打进（苏利文的）脑袋里"。大陆会议派出了亚当斯、富兰克林和爱德华·拉特利奇去斯塔顿岛见海军上将。

在他们前往斯塔顿岛的路上，新泽西境内美国军官和士兵"掉队和四处闲荡"，这些"轻率的损耗"让亚当斯备受打击。他们在会见豪时勇敢应对，把豪派去作为人质的军官一起带到斯塔顿岛，在新泽西海岸等候。豪看到此景脸色明亮起来，他告诉美国人，他们的信任"是最为神圣的"。

这是此次三小时会面的最好时刻。豪拿出了"好红酒、好面包、冷火腿、舌头和羊肉"，但他表示，他仅把他的客人们看作很有影响力的市民，而不是国会代表。"尊贵的阁下可以按您的意愿来看待我，"约翰·亚当斯飞快地回答，"事实上，在一些场合，我愿意把我自己看作任何可以令阁下愉快的角色，只除了英国臣民之外。"

"亚当斯先生是一个果断的人。"豪对富兰克林和拉特利奇说道。他们回答道，他们就是来倾听的。豪强调了他的建议——如果美国人继续对国王效忠的话，国王可以赦免他们反叛的罪行。（亚当斯后来了解到，这一赦免并不包括他自己。）拉特利奇大声地说：在经历了两年的无政府状态之后，各州已建立起新的政府；现在进行调停已经太迟了。

豪为马萨诸塞州纪念他兄弟的威斯敏斯特教堂纪念碑表达了他个人的感谢之情，他现在"看待美国就像自己的兄弟一样，所以如果美国遭遇了失败，他会感到哀痛，就好像失去自己的兄弟"。

"我们会尽自己最大的努力，"富兰克林微笑地鞠躬，向他保证，"不让阁下您受到这样的屈辱。"

外交官们渡河返回新泽西，豪也准备好击溃华盛顿的军队。一场猛烈的暴风雨阻止了对布鲁克林军营的袭击，接着一场浓雾让华盛顿军队能够渡过东河。他们现在有机会逃往新泽西或沿着哈德孙河而上，但国会希望他们控制纽约。当那几位特派员从斯塔顿岛上离开后，豪的军队就开始对华盛顿在曼哈顿的前线发起了进攻。四天后，豪和他的英国军队占领了纽约，这里将成为他们今后七年的大本营。

华盛顿控制着曼哈顿北角的哈莱姆高地（如今的华盛顿高地），他的军队在哈德孙河两岸建起了华盛顿要塞和李要塞。但盖伊·卡尔顿此时从加拿大南下，捣毁了美国军舰，试图控制尚普兰湖。至10月中旬，卡尔顿夺取了克朗波因特，离提康德罗加只有十几英里远。提康德罗加可以使他能够控制哈德孙河，并且能让华盛顿陷入他的加拿大军队以及豪在纽约的军队的合围之中。

"一支像这种反叛军一样组成的军队，"克林顿写道，"一旦感觉到自己的处境是如此危在旦夕，就再也不可能恢复了。"英国的策略就是摧毁美国人对自己和对华盛顿的信心。"它失去对自己主帅的信任；一旦它的后方受到威胁，它就会发抖战栗。"

英国军队沿着东河而上，穿过"地狱之门"的湍急水流——他们预计会在这次危险的行动中失去几百名士兵，但实际上只损失了两艘船——然后他们的部队在"窄颈大桥"上岸。他们如今可以通往韦斯切斯特县，将华盛顿围困于哈莱姆。华盛顿离开哈莱姆，来到白原市，他们曾于10月在这里受到英国的进攻，他手上剩余的一万一千人的部队被挤进了一条狭窄的被哈德孙河和哈莱姆河分隔开的地带，位于哈莱姆和皮克斯吉尔之间。华盛顿渡河来到新泽西的哈肯萨克。

豪派出查尔斯·康沃利斯将军去保护新泽西的保皇派农场主,他需要这些人为他的纽约部队提供补给;尽管克林顿建议拿下费城,豪反而将他派往罗得岛纽波特——和纽约附近的河不同,纳拉干西特湾很少结冰,他的军舰需要一个可以过冬的场地。这一年年初时,华盛顿包围了驻波士顿的英国军队;到了年尾,他自己却被围困在韦斯切斯特,而豪的部队则信心满满地等着卡尔顿和他的加拿大军队沿着哈德孙河而下,彻底终结美国军队和此次叛乱。

但卡尔顿却没有来。本尼迪克特·阿诺德在尚普兰湖建了一支带炮艇的军舰,让卡尔顿无法抵达提康德罗加。卡尔顿的军事经验告诉他,不要将自己的供给线拉得过长;他的长期加拿大经历教会他,不要在克朗波因特过冬。于是他11月撤回了加拿大。

即使没有卡尔顿,豪也将剩余的美国军队赶出了曼哈顿。约翰·戈特利布·拉尔的黑森雇佣兵于12月16日占领了华盛顿要塞,并俘虏了将近两千人。两天后,他们渡过哈德孙河,将美国人从李要塞赶走。"反叛军像受惊吓的兔子一样逃跑了,"一名英国军官写道,"留下一些烂猪肉,一堆谄媚的公告,还有那群卑鄙的'常识'人写的信;既然我们已经将部队开进了华盛顿先生号称'无法攻克的阵地'之一,这些信在我们娱乐的时候就可以拿出来读一读。"

潘恩在李要塞加入了军队,是这支人数急剧减少的军队里少有的新兵。华盛顿在纽约时拥有一万九千人;当他到达特拉华时，只剩下不到三千人还跟着他。赶在康沃利斯之前，他征用了特拉华的新泽西岸边所有的船只，渡河来到宾夕法尼亚。大陆会议逃往巴尔的摩。

在华盛顿横渡特拉华河撤退时，英国人抓住了查尔斯·李，这是英国人唯一承认的美国将军。李曾是英军中的一名将军，同豪和康沃利斯一样，他同情美国人的事业。与他们不同的是，他于1776年辞职并加入了美军。因为他曾是英国军官，英国人和美国人都十分看重他，远远高于他应有的地位。他曾缓慢地努力与华盛顿会合，但在12月13日早上，他被耽搁了，当时他仍穿着晨袍，在一家新泽西的小酒馆里告诉聚集的人群华盛顿有多无能，突然一支英国巡查队于十一点出现了，打断了这次集会。把华盛顿赶出纽约和新泽西，还抓住了李之后，豪的部队可以好好度过这个冬天了。豪派驻卫兵保卫新泽西，派遣黑森兵占领特伦顿，同时将他的大部分兵力迁入纽约的冬季驻兵营。康沃利斯准备启航返乡，非常确信反叛军已被瓦解，战争将于春季前结束。

豪派驻卫兵保护保皇派们，但黑森兵和英国士兵并非很好的保护者。他们将所有的美国人都看作反叛军，所以黑森兵和部分英国士兵残暴地对待平民，强奸妇女，偷盗财物。保皇派的新泽西人于是开始反抗黑森军队。

"我们要告诉未来的世界，在这严酷的现实面前，希望和善良依然存在，城市和乡村都存在共同的生存危机，勇往直前地迎接挑战，战胜它吧。"当人数渐少的队伍穿越新泽西逃亡时，托马斯·潘恩写下了这段话。

"现在是考验人们灵魂的时刻了。精壮的战士和乐天的爱国者,在这样的危机中,也会怯于为他的国家服务;但今天能坚持战斗的人应当能得到所有人的爱戴和感激。暴政,如同地狱,并不容易攻克……上天很清楚该为他的物品标注一个合适的价格;像自由这样值得人们尊敬的东西如果没有高昂的标价反而是一件非常奇怪的事。"

潘恩回忆起安博的一位小酒馆老板谈及政治,当时他的孩子就在旁边。这位父亲总结道:"噢,让我们这代人享受和平吧!"潘恩对此非常愤怒。这人根本不配做一个父亲——"一位慷慨大度的父母应该说,'如果一定要有麻烦,让它发生在我们这代人身上吧,那样我的孩子就可以享受和平'。"

潘恩忽略掉了纽约的损失。他提醒新泽西的民众,曾经入侵法国的英国军队,遭遇了由一位法国女人——圣女贞德召集的乡众,"被惊恐万分地赶了回去"。"这美好的景象也许会激励一些泽西少女去鼓动起她们的乡亲,拯救她们无辜的受苦同胞,免遭蹂躏和强夺!"

潘恩的这番话并不是写给军队领袖或国会代表们的。他是写给美国普通老百姓看的。这并非是华盛顿个人或国会的事业,而是他们每一个人的。"不要只是几千人而是要几万人站出来;抛弃非天意赋予的重负,并坚定你们的信念,上帝会保佑你们成功的。"这是他们的危机——这将是他们的损失,或他们的机会。潘恩悄悄地潜进费城,将这本小册子以《美国危机》为名进行印刷。正如一个夏日在纽约召集人们聆听《独立宣言》那样,华盛顿在这个费城的冬天再一次召集人们倾听《美国危机》。他知道他的队伍正在不断减少。这些仍在军队的士兵也将在1月第一周他们的服役期满后回家。春天来临时,不会有更多的人加入进来。如果他现在不采取行动,他将再也没有机会了。

在一场圣诞夜的暴风雪中,华盛顿派出二千四百名士兵乘着被浮冰包围着的船只横渡特拉华河。黎明刚过,他们就袭击了特伦顿的黑森兵营。通过这次迅疾且计划周全的行动,华盛顿的队伍俘虏了超过九百名黑森雇佣兵。

这次出色的军事打击震惊了豪,也唤醒了新泽西。在特伦顿,华盛顿的军队缴获了许多马车,装满了黑森兵从新泽西人家里抢来的战利品和他们原打算带回家的纪念品,他们把这些财物还给了它们的主人。特伦顿的胜利吸引了更多的人加入华盛顿的队伍。它还让宾夕法尼亚和新泽西的民兵开始在普林斯顿与新不伦瑞克之间的路上巡逻并设置埋伏。

华盛顿释放了九百名俘虏,把他们送往波托马克河和谢南多厄河的谷地,让他们远离战场。许多人在战争结束后仍一直待在那里,而不愿再回到黑森-卡塞尔领主的领地去。国会明白,丰沃的美国土地,免于做雇佣兵,很可能会吸引其他德国人,所以他们向逃兵提供土地封赏,并把封赏令用德语印在卡片上,放在纽约售卖的烟草袋里。

康沃利斯原已登上一艘准备开往英国的船了,但他又重新上岸,带领一万士兵穿过新泽西。1777年元旦的晚上,他抵达了普林斯顿。率领着比华盛顿壮大很多的队伍,他计划第二天攻打特

图4　德国艺术家埃玛纽埃尔·洛伊茨于1848年欧洲革命那一年开始创作
这幅华盛顿横渡特拉华河的英雄画像，画像高十二英尺，长二十一英尺。华
盛顿和他的构成多样化的队伍——来自偏远地区的农民和城市里的绅士、
新英格兰的黑人水手，一名印第安土著，还有一位中性打扮、应该是女性的
人物——乘船横渡艰险的河流。洛伊茨希望以华盛顿和美国独立事业为
例，激励欧洲人民。亨利·詹姆斯将洛伊茨于1851年寄往美国的一幅复制
品称为"划时代的巨作"；原作留在德国，1942年被英国轰炸机炸毁

伦顿。但美国步兵干扰了他的行进，在他们前进时瞄准他们的军
官开火。1月2日，当日头西沉时，康沃利斯抵达了特伦顿。他让
他的军队靠近阿森皮克湾的北岸，向在南岸处于防守状态的美军
展示他们兵力上的巨大悬殊。第二天，他们就会彻底摧毁华盛顿
的军队。康沃利斯命令他疲惫的士兵休整。一名军官督促康沃
利斯立即发起进攻——"如果你今晚信任这帮人，你明早将会一
个人都看不到了。"据说康沃利斯回答道："这只'老狐狸'已是
我们囊中之物了。我们明早会过去把他抓住。"

　　这只"老狐狸"和他的军官们讨论了他们明显的两难境

地——他们即将被康沃利斯的部队击溃。华盛顿征求建议。当地人告诉阿瑟·圣克莱尔，一名美国军官，有一条通往普林斯顿的小路。他们的队伍可以在黎明前抵达那里，袭击英军的后方，并控制住返回新不伦瑞克的路。华盛顿命令五百人守住特伦顿，保持不间断的火力，并大声地挖沟渠，修筑防御工事。他自己则领导着剩余的队伍悄悄地沿着那条小路前往普林斯顿。

黎明刚过，正当康沃利斯准备最终摧毁华盛顿在特伦顿的兵力时，美国军队却在普林斯顿突袭了英军。尽管惊呆的英军回过神来，反击了美军的进攻，但华盛顿于此时到达，召集起他的人（一名士兵汇报说他闭上眼睛，这样就不会看见华盛顿倒下），指挥着队伍冲进普林斯顿。

在特伦顿，康沃利斯听到西北部传来遥远的枪弹声。他命令队伍掉头向普林斯顿前进。在他抵达的时候，华盛顿和他的队伍已经打败了英军的后防并向东转移，目标对准英军的供给马车，或者甚至是新不伦瑞克大本营。但由于他的士兵经历了不断的行军、打仗、再行军，已筋疲力尽，华盛顿明白他必须保存自己的实力，于是转向北方，要夺取莫里斯敦的冬季驻兵营。

康沃利斯并没有追击他。他现在十分忌惮于华盛顿的实力和他的战术。尽管在长岛、曼哈顿、白原、哈莱姆和李要塞被一次次打败，并在新泽西撤退中遭受羞辱，华盛顿和他的军队却一再卷土重来。康沃利斯安排自己的人保卫新不伦瑞克和安博，并从新泽西的驻兵点派出搜寻队为纽约的部队提供补给。华盛顿的队伍和新泽西民兵袭击了这些搜寻队，1月至3月间，他们杀死、打伤或俘虏了超过九百人，有效削弱了英军的实力，正如同特伦顿和普林斯顿战役粉碎了英军战无不胜的信念。

豪和克林顿被派往美国是为了通过军事手段实现一个政治目标——和解。华盛顿则通过政治手段，即在他的军队所保护的男人和女人们中间培养对他的支持，来确保实现他的军事目标——胜利。他知道自己的军队不能保住领土。只有住在这个国家里的男人和女人们才能做到。

第四章

独立战争

巴尔的摩出版商玛丽·凯瑟琳·戈达德于1777年1月出版了《独立宣言》的一个新版本，首次记载了签署者的名字。这些人是秘密签字的，但玛丽·凯瑟琳·戈达德如今把他们记录了下来。尽管战争的发展时好时坏，但他们都不能否认他们的忠诚。决定已经做出了。

这场战争是为了美国的独立。但美国人还需要法国的军事支持。富兰克林1776年10月乘船前往法国，12月到达巴黎，受到了热情而喧闹的接待。"几乎每一个农民或市民、仆人、马车夫、侍从、太太们的管家、厨房里的厨子，都认为他是人类的朋友。"约翰·亚当斯如此写道。

戏剧家博马舍成立了一家皮包公司向美国出口毛瑟枪和火药，国王路易十六偷偷地贷给他一百万里弗（合二十万美元）。一万一千支法国毛瑟枪以及一千桶火药于1777年抵达美国；到1783年为止，法国共向美国提供了价值四千八百万英镑（约合今天的十四亿美元）的物资和武器。

武器是非常重要的；法国军官却是个问题。渴望有机会与英国人开战，并获得比在西印度群岛驻防更多的乐趣，法国军官

Dr: Franklin, erhält, als Gesandter des
Americanischen Frey Staats, seine
erste Audienz in Frankreich, zu Ver=
failles. am 20ten Märtz 1778.

图5　本杰明·富兰克林被引荐给法国国王路易十六,他已承认了美国
独立,并于1778年3月向英国宣战

们纷纷寻求美国的军职。美国人需要技师，但其他的军官对他们来说就很讨厌，如果还谈不上是危险的话。法国炮兵军官菲利普·夏尔·特龙松·杜库德雷坚持要求担任负责管理炮兵和技师的少将一职。他还要求自己的职位必须高于除华盛顿之外的所有美国人，并为他的随行人员支付工资——包括一名秘书、一位设计师、三个仆人、六位船长，还有十二名副官。塞拉斯·迪恩——他在富兰克林抵达之前负责处理美国在巴黎的事务——同意了他的要求，因为杜库德雷向他保证，会再带一百名法国军官加入美国的战争。

再来一百个像杜库德雷这样的军官，这令亨利·诺克斯、纳撒尼尔·格林和约翰·苏利文很不高兴，他们威胁说如果杜库德雷做了他们的上级，他们就要辞职。国会为他们的自私自利和干涉人民代表的行为批评了他们，但并不愿他们辞职，于是国会另外授予了杜库德雷监察长一职。他恼怒地拒绝了，坚称自己必须担任少将，与华盛顿职位相当。杜库德雷还愤怒地拒绝了一位费城摆渡人让他下马登船，渡过斯古吉尔河的建议。法国将军绝不能听从摆渡人的命令。开动的船只吓坏了他的马，于是马跳下船，把他淹死了。"杜库德雷先生的死，给国会带来了许多安宁。"约翰·卡尔布如此写道。

卡尔布是一名出生于巴伐利亚的法国老兵，他1777年7月随着富有的年轻绅士马利·约瑟夫·保罗·德·拉斐特——法国驻英国大使的外甥——一起抵达。拉斐特还未满二十岁，但已热心于美国的事业。他到访伦敦造成了轰动——"我们都在谈论拉斐特侯爵",历史学家爱德华·吉本1777年春天这样写道。他会见了亨利·克林顿将军和杰曼勋爵(国王的军事大臣),甚至还见到了国王乔治三世,国王邀请他检阅了海军防御工事。但拉斐特回到了法国,购买并配备了一艘船,避开了法国国王对他发出的追捕令(路易十六知道,让这样一位重要人物公开地前往美国将会带来英国方面的麻烦),溜出了法国。

拉斐特和他的随行队伍在南卡罗来纳登陆,向费城前进,此时国会正为了法国将军们力争军衔和薪资而厌烦不已。国会并没有让他进入大楼。他们派来了詹姆斯·洛弗尔,他是国会成员,会说法语(他曾在波士顿的拉丁学校担任过老师),想把拉斐特送走。但拉斐特非常坚决。他问是否可以直接和国会对话。考虑到如果第二天给他五分钟也不会有什么影响,国会准许他再次回来。他充分利用了这次机会,用英语列举了他为了来美国所经历的各种困难及巨大花销,并总结道:"在经历过这些牺牲之后,我有权要求以下两点支持:一、我自费为你们服务;二、首先以志愿者的身份为你们服务。"

一位法国军官愿意为美国服务,而不是指挥,这是一件新奇的事情。几天之后,拉斐特见到了华盛顿,他们建立了专业的共识和友谊。此时,国会也接到了富兰克林对于拉斐特的政治重要性的推荐书,所以允许他待下来。

战争到了此刻发生了一次新的转折,英国又采取了新的策略。约翰·伯戈因将军建议加拿大采取行动,通过掌控尚普兰湖和哈德孙河,切断新英格兰与外界的联系。他为重振卡尔顿的战

图6 约翰·伯戈因将军招募了易洛魁人,帮他实现取道加拿大开进纽约的计划

略提出了理由,并用吓唬的方式让英国内阁接受了。伯戈因"承诺要一跳、二迈步、三跨越地穿越美国",英国小说家贺拉斯·沃波尔写道,他更欣赏豪的温和。"就算他什么都没有做,至少豪遵守了自己的诺言。"

伯戈因带着四千名英军和三千名不伦瑞克士兵到了加拿大。当卡尔顿总督知道伯戈因此次前来是为了完成他前一年用更少的兵力几乎已做成的事情时,他辞职了。国王拒绝了卡尔顿的辞职,这位总督于是征募了加拿大民兵和物资,帮助伯戈因的队伍抵达尚普兰湖。

豪并没有被告知这一新策略,也不知道他将要派一支队伍沿哈德孙河向北,与伯戈因会合。他于初夏前往费城,带上了266艘满载士兵和马匹的船只。伦敦、加拿大或华盛顿军队里没有一个人知道他要去哪儿。"豪带着他的军队走了,只有上帝知道他去哪儿了,"霍勒斯·沃波尔写道,"他们把美国战争也随之带走了。"

7月下旬,这支舰队出现在特拉华海域,接着又消失了三个星期。到了快8月底的时候,它又出现在切萨皮克湾,并开始沿着海湾向北行进。华盛顿怀疑豪的队伍正向费城进发,但他已派出了兵力去保卫哈德孙河谷和新英格兰免遭伯戈因袭击。

伯戈因发现,加拿大和纽约的地形比他在伦敦从地图上看到的更加复杂。他希望依靠易洛魁人的支持,于是让陆军上校巴里·圣莱杰领了一支队伍从奥斯维戈出发,向南前往莫霍克河,途中穿越纽约。但该部落宣布保持中立。圣莱杰邀请易洛魁人到斯坦威克斯要塞"来看看他们是如何鞭笞反叛者的"。莫霍克、塞内卡、卡尤加等部落接受了圣莱杰的建议,他们不得不为了自己的生存而与美国人战斗,再接着相互开战。当圣莱杰的部队围攻斯坦威克斯要塞时(现在的纽约罗马),易洛魁人发现他们正在一场英国人的战争中与自己的同胞开战。斯坦威克斯要塞(美国人称之为斯凯勒要塞)的民兵拖住进攻,接着本尼迪克特·阿诺德带来了一支纵队解救该要塞,分散了圣莱杰的兵力,使之不得不匆忙、混乱地撤退。

九百名德国人在佛蒙特四处搜索,穿着他们的骑兵靴行进,希望能找到并骑上新英格兰人的马匹,不然他们就会在本宁顿被佛蒙特及新罕布什尔的民兵杀死或俘虏。新英格兰民兵聚集到比米斯高地（哈德孙河上游，靠近纽约的萨拉托加）来加入霍雷肖·盖茨将军的队伍。伯戈因则期待有一支英国军队，而不是美军，能在哈德孙河与他会合。

豪的军队，这也正是伯戈因所期待的军队，此刻正在宾夕法尼亚。华盛顿带着一万一千名衣衫褴褛的士兵，正试图抵御豪的一万七千名士兵的进攻，保卫费城。康沃利斯和威廉·冯·柯尼普豪森的黑森兵沿着费城西南部的布兰迪万河拦住了华盛顿的军队。格林尽力把康沃利斯和柯尼普豪森拖住，让华盛顿有时间撤退到切斯特，而国会则逃往宾夕法尼亚的约克。拉斐特此时作为一名志愿者，重新召集起一支在英军攻击下即将崩溃的美国军队。他腿部中枪，包括他在内，共有七百名美国士兵受伤、被杀或被俘。两周后，英国人和德国人占领了费城。

此时，伯戈因已试图攻打驻守在比米斯高地的美军，并为此损失了六百人。10月7日，他再一次进攻失败，于是向克林顿发出了绝望的恳求，请他溯河而上。克林顿照做了，夺下了哈德孙河下游的美军要塞，但此时他接到豪发出的新命令，让他派出二千名士兵帮助防守特拉华河下游。豪已经拿下了首都。为什么他还需要增援呢？

华盛顿依然掌握着他的军队。他再一次让英国人大吃一惊。华盛顿在布兰迪万河战败，并从费城被赶走，却转战日耳曼敦袭击了英军优势兵力。尽管华盛顿的部队有超过一千人被杀、受伤或被俘，但他的进攻向豪提醒了他的韧性。当普鲁士国王腓特烈大帝听说美国人已失去了费城时，他认为美国人实际上已经战败。但当他一个月后又听说了日耳曼敦之战时，他说，美国人，如果由华盛顿领导，则必胜。

在哈德孙河旁，新英格兰民兵与盖茨的队伍向伯戈因靠近。他现在知道了圣莱杰还未到达莫霍克，克林顿也不能提供任何援助。他本指望依靠哈德孙河谷的肥沃农田可以养活自己的队伍，但反叛者们如凯瑟琳·斯凯勒，菲利普·斯凯勒将军的妻子，却毁了自己的庄稼——她将燃烧的火炬投掷到她的谷地里，焚毁了伯戈因军队对丰收的希望。于是，他的物资不得不依靠一条道路运输，这条路即将结冰。10月17日，他宣布投降。五千名英国和德国俘虏，外加二千名随军妇女，都被送往波士顿。

伯戈因的投降和华盛顿对日耳曼敦的突袭，向法国人证明美国人将取得胜利。1778年2月，国王路易十六承认美国独立。在宣布放弃加拿大的同时，法国保证会一直战斗到英国承认美国独立。法国可以将军队和武器运往美国；对英国来说更加不幸的是，法国还可以袭击西印度群岛，甚至英国本土。此时正在封锁美国海岸的船只现在不得不撤回保卫英国本土，以及通往印度的路线。法国海军上将德斯坦伯爵率领拥有十二艘战舰及载有两个步兵旅的五艘护卫舰，于4月从土伦出发。等到英国召集了一支力量去追赶他们时，德斯坦已跨过了半个大西洋。卡姆登勋爵指责首相诺斯发起了一场建立在美国人全是胆小鬼而法国人都是白痴这一前提下的战争。

诺斯勋爵明白，美国人会一直战斗到他们的独立获得承认；但他同时也明白，国王绝不会接受美国独立。他让议会废除了

《宣言法》，答应不再直接向殖民地收税，并保证，从美国征来的税都将用于美国。美国人1774年时或许会接受这一建议，但1778年时绝不会。诺斯派出特派员卡莱尔伯爵，一名辉格反对党，还有前佛罗里达总督乔治·约翰斯通，以及来自政府情报部门的威廉·伊顿去与美国人谈判。

占领费城让英国人获得了与美国人和解的机会。这座城市里的贵格会教徒反对战争，而这里的保皇派也指责他们叛乱的邻居们发起了这场战争。费城的一位资深政治家约瑟夫·盖洛威，是富兰克林的前盟友及第一任大陆会议成员（但反对独立），被任命领导这里的市政府。豪希望盖洛威能团结保皇派，与叛军取得和解。但盖洛威对自己的认识，以及对自身重要性的信心过于膨胀，以至于他不论是作为管理者还是调停者都不能发挥作用。

在豪和英军占领费城之后，华盛顿和他的一万名士兵，以及随军的几百名妇女，在城外二十英里处的福吉谷修建了一个冬季兵营。这极寒的福吉谷冬天，如今已成为美国民间传说的一部分，这段时间对华盛顿和他的军队来说起了决定性作用。他的军队面临着持续性的缺粮、缺钱和缺少衣物，但华盛顿绝不允许他们意志消沉或做逃兵。

与纳撒尼尔·格林的意愿相违，华盛顿让他这个罗得岛贵格派担任了军需官。格林渴望战斗，正如他在邦克山、纽约、特伦顿、普林斯顿和布兰迪万河所做的那样，而不是处理乏味的军需问题。但是作为一个出色的管理者，他确保了大家没有挨饿，还帮助维持了一个有秩序的兵营。

弗里德里希·威廉·冯·施托伊本意外地来到军营,宣称自己是腓特烈大帝麾下的一名中将。施托伊本曾供职于腓特烈大帝的指挥部,但从未替他出征作战过。一个日耳曼小公国给了他这个尊贵的姓氏"冯"。然后,和拉斐特一样,施托伊本仅仅要求有机会成为一名志愿兵。华盛顿让他训练一百名士兵;两周后,训练的效果如此惊人,于是华盛顿让他再训练一百名农民、技工和工匠。他让他们进行操练,行军,教给他们技能。他操练他们的方法和他对待普鲁士士兵不同。他后来向一名普鲁士军官解释道:"你对你的士兵说'这么做',然后他就照做了;但我必须说'为什么你应该这么做',然后他才会照做。"他们已经是老兵了;冬季快过去的时候,他们成了一支军队。

一名军官负责养活军队,另一名则负责训练士兵,而华盛顿仍需争取获得军队领导权。国会成员,尤其是新英格兰人,奇怪为什么取得萨拉托加大捷的盖茨不能取代华盛顿,他除了撤退什么都没做。盖茨和托马斯·康韦,一名在爱尔兰出生的法国军官,密谋取代华盛顿;但华盛顿在国会里还有足够的盟友,此时在军队里也是一样,可以帮他稳固领导权。国会希望华盛顿能将英军从费城赶走,还想让拉斐特去进攻加拿大,希望他能团结当地的法籍加拿大人。格林认为,这一"堂吉诃德式的北征"是为了"增加将军所面临的困难"而发起的阴谋。

英军这边也有他们自己的问题。克林顿5月初抵达费城,替换豪。他有新的命令:放弃费城,控制纽约,并把他的大部分兵力派往佛罗里达和加勒比海地区。费城的保皇派们得知英军要撤离，便陷入了"恐惧而忧愁"的状态。盖洛威知道，他将"面对艰苦卓绝的敌人的怒火，并被夺走价值七万英镑的财产，最后落得和该隐在人间一样，四处游荡，没有家也没有财产"。"我现在已将这场争夺看作一次终结，"豪的秘书写道，"在连两周的保护都无法提供的情况下，没有人会替我们说话。"绝望的保皇派们恳求克林顿允许他们去和华盛顿谈判。但他拒绝了，知道这个国家里的每一位保皇派都可能背叛他们的事业；他不情愿地答应了带上保皇派一起走。

盖洛威的妻子格蕾丝·葛罗登·盖洛威，是宾夕法尼亚一位领袖的女儿，她在英军撤退后留在了费城。当爱国者们将她从自己家里赶出来时，她依然维持着尊严："我……嘲笑这群假发党。我告诉他们，我是城里最幸福的女人，尽管我被剥光了衣服，并被从家里驱赶出来，但我还是我，我是约瑟夫·盖洛威的妻子，劳伦斯·葛罗登的女儿，他们没有权利羞辱我。"

在离开之前，保皇派和英国军官用"莫西年华"狂欢活动来纪念豪将军，他们燃放烟火，进行游行，并举办了骑士比赛。英国军官装扮成骑士，为获得年轻费城姑娘的青睐而比拼；这些姑娘们打扮成土耳其公主的样子，坐在精美的轿子里，由包着头巾的奴隶抬着，穿过街道。这是一场难忘的活动，但豪勋爵的秘书记录道："这花费了大量的钱财。我们的敌人会很高兴地谈起它的愚蠢和奢侈。"

诺斯的三名特派员抵达了，他们震惊地发现费城已被放弃了。克林顿拒绝让他们与国会见面，所以他们请求华盛顿代为求情。华盛顿给国会带去了他们的请求，但也仅此而已。他们意识到自己的任务是"荒谬、无用且羞耻"的。

克林顿让保皇派们随着豪乘船离开，他自己也于6月18日离开了费城，带着一万八千名士兵和一列长达十二英里的行李车队。由于担心华盛顿会发动袭击，他把一半的兵力安排在行李车队前面，一半在后面。在下了十四小时的雨后，天气转热，新泽西的蚊子蜂拥而至。三分之一的黑森兵中暑倒下，其中一些因此而死去。反叛的新泽西人摧毁桥梁，拖延他们的前进，而新泽西人民，尤其是妇女，清楚地记得英军和德军1776年穿越新泽西时犯下的强奸和掠夺罪行，于是他们在这些军队撤退时隐蔽了起来，让他们的农田和村庄看起来像被废弃了一样。

由于被十二英里长的行李隔断，这两支行动迟缓的队伍就成了通往新不伦瑞克炎热路途上的诱人靶子。华盛顿和他的军官们就该怎么做起了争论。从英国人的囚禁中被放出来的查尔斯·李，认为和法国结盟意味着不再需要继续战斗，而应该在新泽西两岸建起一座"黄金大桥"。其他人——格林、施托伊本、韦恩，还有拉斐特——则敦促立即发起进攻。华盛顿倾向于骚扰一下撤退的队伍；副官亚历山大·汉密尔顿认为，这个温和的计划"将向最尊敬的助产士且只向她们致敬"。

当前面的队伍和行李在桑迪岬登船时，康沃利斯与后面的队伍一起等在靠近蒙茅斯法院（如今的弗里霍尔德）的松林荒地里。最初反对攻击的李接到了允许对英军发起突袭的指令。康沃利斯反应迅速，迫使李撤退。当华盛顿到达并质问李为何要发出撤退的命令时，李解释说："这次进攻与我的意见相反。"所以当进攻受挫时，他就取消了行动。华盛顿谴责李是一个"该死的胆小鬼"，并重新召集起军队。

克林顿本希望华盛顿会带着全部兵力去救援李——他知道，如果正面交战他可以打败这只"老狐狸"。但华盛顿对此也充分明白并竭力避免。他组织力量坚守阵地。被炎热的天气折磨得筋疲力尽之后，美军损失了超过二百名士兵，最终撤退；克林顿军队中则有至少358人战死、受伤或因中暑而死，其余队伍继续前往桑迪岬。在这北方最后一场主要战役中，双方均没有获胜，但华盛顿的军队经过福吉谷的冬季操练，可以像一支军队一样战斗了。华盛顿命令对李进行军事审判，并撤了他的职。

当英军在纽约安顿好后刚刚一周，德斯坦伯爵的舰队就抵达了特拉华海岸。尽管他错失了一次在海上捉住豪的机会，但他现在让他的舰队严密封锁住纽约。海军上将豪以为德斯坦会进攻纽约；而克林顿看到华盛顿调遣兵力从纽约北面穿越哈德孙河，他预测会对纽波特发起进攻。

克林顿是对的。当英军在纽约驻防时，德斯坦驶向纳拉干西特湾。在那里，约翰·苏利文和美国民兵与登陆围攻纽波特的法军会合。英军凿沉了自己在纽波特港的船只，以阻挠法军的进攻。但在德斯坦出海之际，另一艘英国军舰出现在罗得岛海面。接着一场飓风来袭。暴风雨打坏了法国舰队，美军和法国围攻部队努力在大雨中抢救他们的帐篷和物资。德斯坦受损的舰队最后也返航了，但并没有继续围攻——他们接上湿透的法国士兵驶

图7　在蒙茅斯的酷暑中，妇女们——通常是士兵的妻子或女友——在战斗最激烈的时候被称为"莫莉水壶"，她们送水去给士兵和枪支降温。当狙击手威廉·海斯受伤了，他的妻子玛丽·路德威克·海斯放下了手里的水桶，接替了他的位置。她跟随自己的丈夫和军队穿过福吉谷；他将获得一块赠地，而她后来也因为她的付出而获得年金，并在美国历史上作为"莫莉水壶"被纪念

往波士顿，舰队需要在那里整修。

　　美军和法军第一次联合进攻结束了，苏利文将军十分愤怒。他指责德斯坦没有在纽波特协助进攻。波士顿的一帮暴民攻击了法国面包师，杀死了二十八岁的外交官圣萨维尔骑士，以及路易十六兄弟的管家。美法联盟瓦解了。

　　华盛顿让苏利文缓和措辞，同时马萨诸塞州保证会为圣萨维尔修建一座纪念碑。但英国和法国舰队都纷纷开往西印度群岛。

此时仍然没有海军力量的华盛顿，尽力把英军驻防部队阻留在纽约和纽波特。

西班牙于1779年4月向英国宣战，不是为了帮美国人，而是为了重新获得直布罗陀，并削弱英国在西印度群岛和北美的实力。法国和西班牙战舰在英吉利海峡巡逻，并威胁要进攻英国本土。诺斯领导的政府"制造了和美国之间的战争，接着又和法国、西班牙分别开战，现在是和第四个国家——荷兰"，一位伦敦记者如此写道，"他们在美国点燃的这支蜡烛有可能，并且非常可能，将在欧洲燃起一场熊熊大火"。

欧洲的这场大火来自海洋。华盛顿没有海军可以运送部队，或为军事行动提供支持；但美国人并不畏惧海洋。对船主、水手和船长们来说，事实证明私掠比封锁、运输或轰炸有利可图得多。在1775年至1778年间，美国的私掠者抢劫了约一千艘英国商船。当西班牙和法国也加入战争后，他们向美国人的战利品开放了港口，使他们每年的收获翻了一番。

约翰·保罗·琼斯1778年用他的单桅帆船洗劫了英格兰和苏格兰沿海的城镇，甚至还在英国本土海域劫获了一艘英国战舰。1776年8月，作为一名英国前商船船长，约翰第一个将美国国旗在战舰"普罗维登斯"号上升起。后来法国给约翰配备了一艘私掠船，将它命名为"博诺姆·理查德（好人理查德）"号，向富兰克林表示敬意。1779年夏天晚些时候，他在北海攻击了一艘英国商船护卫舰；英国战舰"塞拉皮斯"号与"博诺姆·理查德"号交战，使之起火。当皮尔森船长看到"博诺姆·理查德"号的军官们降下他们正在下沉的船上的旗子,便问他们是否愿意投降。琼斯回答道:"我还没开始战斗呢!"

琼斯最终迫使皮尔森投降了,并将他自己船上的幸存者塞进"塞拉皮斯"号,然后驶向荷兰。"人性不得不在这种恐怖的景象前退缩,"他对富兰克林悲叹道,"那场战争的结果竟然如此惨烈。"这是美国方面一个著名的胜利,也是琼斯为美国取得的最后一次。

美国人在英国近海攻击,加上法国、荷兰、西班牙人的威胁,令英国民众意志低沉,他们开始质疑这场战争。一次议会调查演变成政治家之间的一场争论——海军大臣、桑威奇伯爵、国务大臣杰曼,还有军事将领们,例如豪兄弟俩。两边都指责另一边管理失误又无能。

克林顿坚守纽约和纽波特;华盛顿的部队还驻守在哈德孙和新泽西。战争的焦点从西面转向南面。驻守皮特要塞的美军和底特律的英军都试图征募当地的印第安战士。易洛魁族为此分裂了。塞内卡族选择了英国人,攻击了选择美国人的奥奈达族,而奥奈达人摧毁了莫霍克人的城镇和玉米地。保持中立的奥内达加人的外交官则出发去和魁北克的英国人谈判。华盛顿知道了这些情况,决定"把战争推进到这个国家的心脏",他派约翰·苏利文将军去摧毁奥内达加人发动战争甚或生存的能力。苏利文于1779年秋天烧毁了四十座奥内达加人的城镇以及十六万蒲式耳玉米,甚至还砍倒了他们的果树。奥内达加人逃走寻求英国人的保护。因为害怕报复,奥奈达人则出逃寻求美国人的保护。在欧洲人踏足北美之前所建立的易洛魁联盟至此瓦解了。

在苏利文采取行动的同时，弗吉尼亚人也攻击了俄亥俄的萧尼族城镇。乔治·罗杰斯·克拉克带着二百人占领了英军在樊尚的前哨。这些行动重创了本土印第安人，并让英军在俄亥俄以北仅仅保留了底特律一地。在1781年到1782年之间的冬天，怀安多特和萧尼族战士们袭击了俄亥俄河沿岸的边界定居点。有传言说，宾夕法尼亚的摩拉维亚传教士管辖的基督教特拉华地区为这些袭击者提供了庇护。宾夕法尼亚民兵出于报复，开进了俄亥俄地区，抓捕和杀死了超过一百名手无寸铁的特拉华人，包括妇女和儿童。在英军和美军停战许久之后，前线的战争又开始了。这些讨伐易洛魁、迈阿密、萧尼和切罗基各族的远征，让美军充分意识到那片土地上农产品的丰富。战争结束后，纽约州西部、俄亥俄州和肯塔基州吸引了美国白人翻山而来；资金缺乏的各州用从印第安人手中强夺过来的土地作为赠予向士兵们支付酬劳；关于土地的争端一直持续到19世纪。

克林顿将他的注意力从纽约的总部转向南方。他相信南北卡罗来纳和佐治亚人的忠诚。1778年12月，英军成功地乘着平底船沿萨凡纳河而上，仅仅遇到了象征性的抵抗（仅有三十人驻守在萨凡纳河下游绝壁上的重要据点）。当英军夺下了萨凡纳河，反叛军试图逃跑，共有四十名反叛军官和五百名士兵被捕。大部分平民都逃走了，但大多数人很快就返回并宣誓效忠，正如一名效忠军官所说："金钱和财产比叛乱和贫穷重要得多。"英军在他们萨凡纳的大本营恢复了佐治亚的保皇派政府，并威胁到查尔斯顿。

1780年秋天，在加勒比海地区加入法军的本杰明·林肯将军试图夺回萨凡纳。但在这场惨烈的进攻中，他的五千名法国和美国士兵中有八百人被杀、受伤或被俘。他撤回到查尔斯顿，法军则退回加勒比海。圣诞节后第二天，克林顿将军带着八千人驶往查尔斯顿，于4月开始了围攻。5月12日，林肯投降，交出了军队和该镇。随着英军控制了南卡罗来纳和佐治亚，克林顿回到纽约，留下康沃利斯带着八千人继续平定南北卡罗来纳地区。

克林顿的策略是基于假定南北卡罗来纳和佐治亚的大多数白人都是忠诚的。他要求南北卡罗来纳人向国王宣誓效忠，这遇到了问题。被俘的反叛军只要简单地做出选择退出战争的宣誓后就可获得释放。现在克林顿强迫他们选边站。一些人宣誓效忠国王，刚刚恢复的保皇派政府嘉奖了他们。卡罗来纳人一向对国王忠诚，并仕反叛军手中遭受了痛苦。当他们看到这些战败的反叛军重新获得权力和财富时，他们感到自己遭到了背叛。

游击队战斗在南卡罗来纳兴起，零零散散地效仿爱国者和保皇派的部队，但也源于当地和个人长期的委屈不满。保皇派民兵袭击获释爱国者和平民的家，这重新引起了南卡罗来纳偏远地区的反抗。康沃利斯在卡罗来纳海岸沿线修起了多个要塞，从奥古斯塔、佐治亚到乔治敦。英国军官伯纳斯特·塔尔顿和帕特里克·弗格森，组织起保皇派军团去征服他们反叛的邻居们。

三位著名的南卡罗来纳军官打破了自己退出战争的誓言，成为游击队战士。直到1779年，托马斯·萨姆特，一名前大陆军军官，在宣誓退出战争后一直安静地住在他沃克斯华的种植园里。当塔尔顿的保皇派军团烧了他的房子后，萨姆特组织起自己的邻居成为游击队，攻打卡罗来纳边界的英国和保皇派军队。安德鲁·皮肯斯，一位长老教会资深教徒和"七年战争"的老兵，在查尔斯顿战败后做了效忠国王的宣誓。但当一群保皇派袭击了他的农场，皮肯斯重新回到了战场。陆军中校弗朗西斯·马里恩在查尔斯顿沦陷时躲过了抓捕；他组织了一支游击队，另一个美国军官将其描述为："与众不同地戴着小皮帽，穿着破烂的衣服。他们由不超过二十个男人和男孩组成，一些是白人，一些是黑人，都骑着马，但大多数人缺乏装备。他们的外表，说实话，十分滑稽，以至于让军官很难约束普通士兵不分神去看他们。"

马里恩对美国人来说也许十分滑稽，惹人注意，但康沃利斯写道："马里恩中校在人们心中产生了巨大影响，部分是因为对他的威胁和残酷惩罚的恐惧，部分则是因为他对抢夺的承诺，使得在桑堤和皮迪之间的所有居民几乎没有一人不拿起武器反对我们。"康沃利斯将马里恩的成功归结于他的恐怖主义策略和对抢夺的承诺；马里恩的人却将他们自己视作游击队，要将南卡罗来纳从英国人的占领下解放出来。在这三个例子中，马里恩、皮肯斯和萨姆特都比美国正规军更有效。

尽管华盛顿反对，国会还是派出霍雷肖·盖茨去领导大陆军在南方剩余的力量。盖茨组织了四千人的正规军和民兵，突袭了康沃利斯位于南卡罗来纳卡姆登的大本营。由于获得了情报，康沃利斯做好了准备并轻易地击溃了盖茨这支规模大得多的军队。当盖茨抵达距离战场一百六十英里的希尔斯堡时,他只剩下不到七百人的军队。康沃利斯转移到北卡罗来纳,而南卡罗来纳则渐渐演变成爱国者和保皇派非正式武装之间的艰苦内战。

这是一个坏消息,但与此同时,1780年夏天,华盛顿的队伍却

图8 梅森·洛克·威姆斯曾创作了"乔治·华盛顿砍倒樱桃树"这个故事,而在他的作品《弗朗西斯·马里恩将军的一生》(1809)中,展示了马里恩为一位英国军官提供一顿甜土豆晚餐。这个军官明白,他这方无法取得胜利:"我见到了一位美国将军和他的军官们,他们没有工资,几乎没有衣服,靠吃树根和水活着;一切都是为了自由!我们面对这样的队伍怎么可能获胜?"南卡罗来纳艺术家约翰·布莱克·怀特于1810年绘制出这幅情景;1840年,它成为一幅著名的画作,并在国内战争期间出现在南卡罗来纳的货币上

取得了一次决定性的胜利。在经历了美国人和法国人第一次糟糕的合作尝试后，拉斐特回到法国，说服路易十六派出一位将军和一支军队，并非去与美国人合作，而是直接接受华盛顿的指挥。让·巴普蒂斯特·多纳蒂安·德·维米尔，罗尚博伯爵，带着超过五千人到达纽波特（英国人已于1779年撤退）。华盛顿和罗尚博于1780年9月在康涅狄格的韦瑟斯菲尔德会面，为他们针对纽约的共同行动制订了计划。

华盛顿从韦瑟斯菲尔德返回时，在西点停下来，这里此时受本尼迪克特·阿诺德指挥。但当他到达后，他发现阿诺德已经制订了计划要将这一前哨交给英国人。阿诺德在他的阴谋败露后，逃往纽约。尽管阿诺德的叛国行为让人震惊，但这一阴谋在实施前被及时发现，正如纳撒尼尔·格林将军给他妻子的信里写道："看起来像是天意注定的，它让我相信，美国的自由事业是受到上帝庇佑的。"

受到上帝庇佑的迹象并不总是很容易识别的。英军控制了纽约、查尔斯顿和萨凡纳，同时美军在南卡罗来纳也遭遇溃败。但由于保皇派军队在南卡罗来纳的国王山被击溃，康沃利斯不得不撤回他对北卡罗来纳和弗吉尼亚的进攻。指挥南卡罗来纳保皇派民兵队伍的帕特里克·弗格森少校，在国王山受到来自南北卡罗来纳和翻山而来的田纳西、肯塔基等地爱国派民兵的包围。他的一千人队伍中，有超过八百名保皇派民兵被杀或被俘。

格林于1780年年底到达，接管了南方美军的剩余部队。和华盛顿一样，格林明白，他和他的部队不可能在常规战争中战胜康

图9 罗尚博将军领导的法军的到达，改变了战争的性质

沃利斯。但他们可以拖垮英军,迫使他们追着自己跑。在1780年4月到1782年4月间,格林部队中的一支分队行军超过五千英里,在南北卡罗来纳之间往复移动,"我们战斗,挨打,站起来,接着战斗",格林如此写道。他的队伍坚持战斗,让他的敌人和英国公众都筋疲力尽。

1781年1月,丹尼尔·摩根的部队在南卡罗来纳的考佩斯击败了塔尔顿的军队。摩根曾是一位马车夫,他目睹了1755年布拉多克惨烈的溃败,也从中学到了不少策略和战术。他清楚他的民兵队伍不如正规军可靠;正因为如此,指挥官通常将他们更加老练的正规军安排在战斗的中心,而将民兵放在后方或侧翼。摩根却将民兵放在中间并告诉他们,每人需要射击两轮;而老练的正规军则放在侧翼和后面。当民兵开火后撤退时,塔尔顿的部队认为整个美军战线已溃败,于是大力追赶他们,结果被老练的正规军团团包围。摩根俘虏了超过九百名英军和保皇派民兵,包括传奇的、似乎不可战胜的塔尔顿。

康沃利斯相信,打击弗吉尼亚,通过断绝爱国派民兵的供给来源,能够结束这场战争。与克林顿的愿望相违,甚至在他不知道的情况下,康沃利斯朝弗吉尼亚进军。阿诺德于1780年年底突袭了弗吉尼亚,进攻里士满,把州政府赶去夏洛茨维尔。他的部队差一点抓住州长杰斐逊。华盛顿派拉斐特去保护弗吉尼亚。

当康沃利斯的军队途经北卡罗来纳时,格林在吉尔福德法院与其交战。"我有生以来从未见过如此的战斗,"康沃利斯写道,"美国人像魔鬼一样打仗。"康沃利斯赢得了胜利,但损失了四分之一的部队。他现在太过于深入内地而远离自己的补给线，此外，"我们的朋友将大量涌现这一想法，不管是出于什么目的，都已经完全失败了"。这场胜利让他毫无选择，只能撤回到威明顿，靠近海岸，而放弃了已占领的土地。"我向你保证，"他写信给克林顿，"我已经十分厌倦在这个国家四处行军，追求各种冒险。"

5月，他再次回到北方，在弗吉尼亚与阿诺德会合。康沃利斯已筋疲力尽，他在约克镇建立了切萨皮克大本营。格林此时把英国人围困在查尔斯顿，并在南卡罗来纳游击队的帮助下，把英军在偏远地区的哨所一个个拿下。

随着北美的战事陷入僵局，英国和法国都将注意力转向西印度群岛。法国已从英国人手里夺走了多巴哥、圣文森特、多米尼加和圣克里斯托弗，而英国则从法国人手中获得了蒙特色拉特和尼维斯。西班牙人从新奥尔良夺去了彭萨科拉和莫比尔。英国哨所驻防了正规军、宾夕法尼亚保皇派、印第安人和德国人。

华盛顿和罗尚博知道，海军上将弗朗索瓦-约瑟大·保罗，格拉斯伯爵，将于3月从法国驶往海地，他会仅在来或去加勒比海的路上与他们进行合作。华盛顿和罗尚博希望格拉斯伯爵去攻打纽约，主要是防止克林顿增援康沃利斯。

夏天过了一半时，格拉斯伯爵带着二十八艘船及三千名法国和海地士兵，从加勒比海驶往切萨皮克。华盛顿征集了更多新英格兰民兵，同时命令罗尚博的队伍从罗得岛前往白原。华盛顿准备了另一个计策：从表面看起来在准备围攻纽约，加固帕利塞兹工事，并在新泽西搭烤炉，同时却把他的队伍派往弗吉尼亚。与此同时,当法国人离开罗得岛后,克林顿重新占领了纽波特。

到了此时,格拉斯伯爵已让三千名士兵和大炮在约克镇附近登陆,并运送华盛顿的队伍沿切萨皮克而下。被派往增援康沃利斯的英国舰队与格拉斯伯爵的舰队交火,在遭遇了重创后返回纽约。在格拉斯返回西印度群岛之前,华盛顿和罗尚博就一直待在这位法国海军上将的船上,阻止了克林顿去增援康沃利斯。

康沃利斯现在明白了,他"所占据的防御性哨所对卡罗来纳的战争没有任何用处,只能给我们提供一些贫瘠的湿地,并且永远都容易被拥有暂时海上优势的外来敌人当成猎物"。华盛顿和罗尚博的一万六千人军队远超过康沃利斯的七千人,并对他们进行了持续的重火力轰炸。康沃利斯曾试图穿过约克河逃跑,但到了10月中旬,他终于明白增援不会出现了。和伯戈因在萨拉托加一样,他除了投降别无选择。

由于病重无法出席投降仪式,康沃利斯派了查尔斯·奥哈拉将军。奥哈拉将军骑在马上,维持着体面和自尊走近联军将领。他首先将自己的剑递给罗尚博。当时现场的法国人比美国人多,而且向一位法国人投降比向一位美国人投降要稍微体面一些。罗尚博指示他转向华盛顿。"美国将军才应接受你们的投降。"奥哈拉于是走向华盛顿。

六年来,华盛顿已经厌倦了英国人拒绝承认他的军衔。英国将领们写信给他,凡使用"华盛顿先生"或"华盛顿上校"这些称谓的,他都原封不动地退了回去。他非常在意他自己的军衔,但更在意对他国家的认可。英国将领不承认美国国会授予他的军衔。只要他们不承认美国的主权，他就拒绝承认他们。看到来的并不是康沃利斯，而是他的副手，于是华盛顿就让奥哈拉走到自己的副手本杰明·林肯面前。

奥哈拉向林肯递上自己的剑；林肯还给了他。当英国士兵列队走过法国和美国军队前去放下他们的武器时，他们把脸转向法国人，故意忽视美国人。指挥美军的拉斐特让乐队奏起"扬基歌"。由于对这进一步羞辱他们受伤自尊的举动感到生气，一些英国士兵在放下武器时砸碎了它们。

伦敦并没有指责康沃利斯。指责都指向了诺斯勋爵和英国内阁，该内阁于1780年再次当选。与投降的消息一起到来的还有格拉斯伯爵在圣基茨赢得了又一场胜利，而西班牙则夺取了米诺卡岛。在议会里，当初提出《印花税法》（顺便说一句，康沃利斯当时作为一名议员投票反对了该法案）的反对党领袖亨利·康韦，如今转向结束与美国的战争。尽管国王反对，该提案还是通过了。诺斯提出了辞呈；他之前每一年都会提出辞职，但国王总是拒绝他。这次国王没有拒绝。

英国使者在法国同富兰克林、约翰·亚当斯和亨利·劳伦斯（他在海上被英国人捉住，被用来交换康沃利斯）会面，以达成和平条约。英国军队仍然控制着纽约和查尔斯顿。克林顿暂停了军事行动；只要英国军队还留在美国，华盛顿就不会解散他的军队。

华盛顿最大的功绩在于，他将美国军队团结在一起。在战争过程中，共有二十三万人在大陆军中服役；另有十四万五千人担任各州民兵。很多人都曾多次应征入伍；总共约有二十五万人曾在美军中作战。想知道确切有多少人服过役是不可能的；想要弄明白他们为何会加入军队也是不可能的。逸事传闻和年金记录只揭示了整个故事的一部分。

彼得·奥利弗是首批研究美国革命史的历史学家之一，他从一个独特的有利位置切入：前马萨诸塞首席法官在英国人1776年撤离波士顿时被流放了。在船上，他采访了一位美军中尉，来自新罕布什尔彼得堡的威廉·斯科特，他在邦克山被俘。奥利弗问斯科特为何参战？斯科特说他看到邻居们拿到了佣金，于是他也参军了，希望改善自己的生活："至于大不列颠和殖民地之间的争论，我什么也不懂；我也同样不能判断究竟谁对谁错。"

斯科特这种自利的动机，奥利弗认为在当时的反叛者中是很典型的。但斯科特从哈利法克斯逃跑了，在1776年晚些时候，他加入了华盛顿保卫纽约的军队。当华盛顿要塞沦陷时，他游过哈德孙河逃走了；回到新罕布什尔后，他和他的两个儿子成立了自己的队伍。大儿子在军中待了六年后，死于斑疹伤寒。在战争过程中，斯科特失去了儿子、妻子、自己的农场和财产。

是什么令斯科特这样的人加入战争呢？在斯科特家的镇子里，每一位成年男性都在战争的某一个阶段参加过军队。他们中的三分之一和斯科特一样，在军中待了超过一年。斯科特做了军官；大部分人依然是二等兵。他们是谁？对彼得堡和其他城镇的研究表明，这些士兵的中坚力量都是由没有太多其他选择的人组成的。应征入伍时领取的奖金，或是战后的一块赠地，对他们来说都是入伍或继续服役的诱惑。

　　士兵的妻子、母亲或姐妹们通常都跟随着部队，担任护士、厨子、洗衣女工和制服修补工这些工作。正如我们不知道究竟有多少人服役一样，对随军妇女总数的估计也有很大差异，从军营中3%的人是妇女，到二万名妇女随军作战。华盛顿反对在他的部队中有如此众多的妇女，并试图抵制妇女争取口粮的要求，但他认识到自己权威的局限性。他自己的太太玛莎，在战争大部分时期都陪着他，所以他很难反对入伍士兵的太太们留在军营里。华盛顿反对妇女们在军队行军时坐在马车里，但他发现他很难阻止。

　　安·贝茨是费城的一名学校老师，她嫁给了一个英国士兵，她丈夫在费城被占领期间负责维修大炮。她随丈夫和英军一起来到纽约，并定期到访大陆军的白原市军营。她伪装成一个贩卖农产品的小贩，将反叛军兵营里的兵力和军需品情况汇报给英军。另一个间谍，我们只知道代号为"355"，能够接触到纽约英军指挥部的最高层。她的同居丈夫罗伯特·汤森，为一家纽约保皇派报纸写社会新闻。她在阿诺德被捕后也随之被逮捕，后来死在纽约港的一艘英国监狱船上。

　　妇女们在家为军队制作制服和毯子。1779年，费城的妇女们挨家挨户地筹集资金，锲而不舍，一位保皇派妇女如此写道："人们不得不给她们一些东西好摆脱她们。"她们筹集了超过三十万美元。华盛顿打算将她们的筹款放入总基金里；但妇女们希望给每个战士两美元，硬通货。华盛顿拒绝了，担心他们会去买酒；于是,费城妇女们改为给每个人一件衬衫。

马萨诸塞的黛博拉·萨姆逊是一个具有参军经历同时也完全异于常规的典型。她的父亲遗弃了家庭——黛博拉的妈妈和七个孩子——那时黛博拉才六岁;她在附近一个农场当学徒,在农地里干活,长得又高又壮。通过看哥哥的课本,她自学了读和写。1778年她年满十八岁,去学校做了老师,但四年后,她应征进入马萨诸塞部队,用"罗伯特·舒特里夫"做自己的名字。她得到了六十镑应征奖金,并被派往西点。在达里镇附近的一场小规模战斗中,一个英国骑兵砍伤了她的头,一颗毛瑟枪子弹击中了她的大腿。她并没有告诉替她治疗头部伤口的医生她腿部中弹了。她自己把子弹挖了出来。当她的队伍前往费城时,她病倒了。替她治疗的医生发现了她是女人。她光荣地退伍了;马萨诸塞州向她授予了年金。

她作为罗伯特·舒特里夫的故事是战争中从军经历的代表;而作为黛博拉·萨姆逊,她是与众不同的。虽然妇女也为部队提供支持,但她们并不当兵;那些做厨子、护士或其他工作的妇女们,并不能获得年金。1832年,经过士兵遗孀们的多年请愿,国会给应征入伍士兵的遗孀们发放了年金,这是第一次。但战争结束已近五十年,已经没有多少遗孀可以领到了。

年金是遥远未来的事情;华盛顿眼前有更紧急的问题:让他的士兵吃饱、穿暖、团结起来。从1780年起,三年兵役期开始到期;那些好几个月没领到薪水的士兵开始单独逃跑,或集体反叛。1780年1月,一百名马萨诸塞士兵从西点出走;其中一些被找了回来并受到了惩罚,其他人被赦免了。康涅狄格部队5月从莫里斯敦出走。在接下来的一个月里,三十一名纽约士兵从斯坦威克斯要塞逃跑;他们的指挥官,同奥奈达盟军一起,追捕并杀死了其中的十三人。

1781年1月,一千五百名宾夕法尼亚士兵从莫里斯敦逃往普林斯顿,他们占领了大学里的大楼,要求国会让他们回家——他们已服役三年(尽管他们服役期为三年或整个战争期间);他们还想得到自己的薪水。他们告诉他们的指挥官安东尼·韦恩将军,他们的不满不是针对他,而是国会。国会派出宾夕法尼亚主席约瑟夫·里德去和他们谈判。亨利·克林顿将军也派出特使为他们提供英国的保护。他们把英国特使作为俘虏交给韦恩。里德和韦恩同意释放服役期满的士兵。

那个月晚些时候,新泽西部队反叛了。华盛顿前往用武力镇压了反叛;反悔的反叛者们开枪打死了两名反叛首领。华盛顿知道反叛必须被镇压,但他也明白,"一个军队在没有薪水、没有衣服(还经常没有补给品)的情况下",反叛是不可避免的。

国会似乎没有办法解决这个问题;债务高企,国内的货币变得一文不值。在英国军队离开之前,华盛顿不想解散自己的部队;而军官和士兵拿不到薪水也不愿离开。1783年1月,一队军官要求国会确保他们获得承诺的年金(一辈子都可以拿到一半的薪水,这是1780年10月诱惑人们继续服役给出的承诺)。沃尔特·斯图尔特上校回到位于纽约纽堡的总部,带来了令人恐慌的消息:国会正考虑解散军队,且不支付年金。霍雷肖·盖茨的一位副官为军官们起草了一份请求，要求国会支付年金，否则他们就要采取行动对抗国会。这份请求是否会带来一场政变？显而易见，配备武器的军官们比不起作用的国会更有实力。

华盛顿支持哪一方？他要求他的军官们取消了他们既定的会议，并于1783年3月15日召开了另一次会议。华盛顿谴责了威胁推翻国内政权的行为，并立誓将尽自己的努力去确保军官们的薪水，最后总结道：

> 让我请求你们，先生们，请你们不要采取任何行动，以致在理性而平静的评判下削弱你们的尊严，玷污你们至今保留的荣耀；请允许我要求你们，依靠你们对国家忠诚的誓言，对国会意图的纯粹性保留充分的信任。
>
> 由于你们行为的高贵，当你们的子孙谈及你们向世人展现的光荣事例时，他们可以告诉人们，"这一天如期而至，这个世界从未有人见过人性可以达到如此完美的境地"。

他并不认为他们已经被说服了。他从口袋里拿出一封信；国会代表约瑟夫·琼斯给华盛顿写了这封信，说明了国会将会采取哪些措施来支付这些军官们的薪水。但此刻，华盛顿看不清琼斯的字迹。他再一次把手伸进口袋里，这次拿出了一副眼镜。军官们一片愕然。他们从未见过华盛顿戴眼镜。他戴上眼镜，看着这群聚在一起沉默的人们。"先生们，"他说，"请你们原谅我。在你们服役的这些年，我也在慢慢变老，如今，我的眼睛已经看不清了。"

他说完了，收起了信和眼镜，离开了。亨利·诺克斯提出了一个支持华盛顿的建议，军官们同意了。华盛顿至此阻止了一场军事政变。但眼前的紧急问题还未解决。成百上千的宾夕法尼亚士兵于6月走上费城街头，包围了州议会大厦，要求里面的人——国会和宾夕法尼亚议会——在二十分钟内向他们支付薪水，否则就要承担后果。尽管国会努力让士兵们平静了下来，他们却感到羞辱，并担心未拿到薪水的士兵们会再一次进攻，同时也怨恨宾夕法尼亚政府不愿保护他们（国会曾提出让宾夕法尼亚派出民兵赶走大陆军士兵）。国会离开了费城。六年前，国会逃往费城以躲避英国军队；如今，它要逃离自己的军队。"这个全国性的议会，"约翰·阿姆斯特朗写道，"带着他们的庄严和空虚，搬到普林斯顿，他们离开了一个州，在这里他们的智慧被长久地质疑，他们的美德让人怀疑，他们的尊严就是个笑话。"

华盛顿明白，一个更有力的联盟对保持独立和偿付债务都十分重要。他也知道，必须通过政治途径，而非军事途径来解决这个问题。他写信给各州州长，督促他们成立一个更有力的联盟。10月，华盛顿得知和平条约已签署，克林顿将要撤离纽约，他于是解散了自己的部队，准备进入独立的美利坚合众国里最后一个英国据点。

他于11月20日在州长乔治·克林顿的陪伴下抵达哈莱姆河，渡过河进入曼哈顿，这距他被英国军队赶出去已过了七年。当英国人准备从斯塔顿岛出发时，华盛顿和他的随从们沿着百老汇大街走下去。一位纽约妇女把这两支军队做了对比：

> 我们长久以来已经习惯看到武器装备精良的军事表演；
> 正要离开我们的这支部队装备得好像要去演出一样，穿着深
> 红色的制服，武器锃亮，做出了精美的展示；正在进城的这支
> 部队，恰恰相反，衣衫褴褛、饱经风霜，看起来十分凄凉；但
> 是，他们是我们自己的队伍，当我看着他们时，就想起他们为
> 我们做了和经历了什么，我的心绪起伏，眼含热泪，我更热爱
> 他们，并为他们骄傲，正因为他们饱经风霜、外表凄凉。

华盛顿12月4日向他的军官们道别，动身去安纳波利斯，国
会此时正在那里开会。他归还了自己的委任状，正如他自己所
说，从行动的大剧院里退休，回到位于芒特弗农的家。

在伦敦，那个春天，国王乔治三世向一位艺术家本杰明·韦
斯特问起，在华盛顿和他的部队赢得战争后，他将要做什么。他
不打算用他的部队成立一个政府吗？韦斯特认为华盛顿现在打
算回到自己农场的家里。国王回答道："如果他真的那样做了，他
就是这个世界上最伟大的人。"

独立已经实现了。但是，这个新国家能够成立一个政府来维
持独立、追求个人自由，并偿还它的债务吗？实现这一切的可能
性在1783年看来是非常渺茫的，就像1776年看待取得独立的可
能性一样。

第五章

美国与众不同吗?

托马斯·潘恩曾大胆地告诉美国人,他们有能力创造一个新世界。他们能吗? 他们的新国家和这个世界上任何一个其他国家相比有什么不同呢?

即使在革命之前,来自欧洲的访客们就评价了旧世界和这个新世界的惊人差异,包括美国的自然景观,人口的高识字率,以及奴隶制度。革命结束后,这些特征继续将美国和其他国家区别开来,但新增了两个在革命过程中形成的差异:宗教的多样性和政治制度。

美国的每一个州,除宾夕法尼亚和罗得岛之外,都有一个官方教会,但各自的宗教仪式各不相同。18世纪中期,从北爱尔兰、苏格兰和德国来的大量移民带来了持异议的长老会、摩拉维亚教、路德教和浸信会,但并非它们的神职人员。美国的信众建立了他们自己的教会社区,并且用在欧洲不可能实现的方式来控制它们。因为在欧洲,每一个社区都有一个官方的、由税收支持的教会,那里的牧师和主教通常都是官方任命的。而在美国,信奉一种宗教的孩子会遇到并与信奉另一种宗教的孩子结婚。在任何其他地方都不存在的宗教多样性,却在美国兴盛起来。

美国的浸信会教徒对宗教正统提出了最严重的挑战。马萨诸塞的艾萨克·巴克斯教士在1774年的第一次大陆会议上不请自来，还带来了他的《向公众呼吁宗教自由》一书。他抗议说，马萨诸塞议会向他的浸信会教徒收税，去支持公理会的神职人员，这违反了他们的"无代表不征税"原则。大陆会议推动马萨诸塞代表们——亚当斯们、汉考克、罗伯特·特里特·潘恩与巴克斯见面，但是四个小时的讨论没有什么成果。罗伯特·特里特·潘恩认为："在这个事情上，信教不是问题的关键；这是关于付钱的一场抗争。"这正是英国议会对于印花税和茶叶税的看法。对浸信会教徒来说，这比付钱重要得多：他们不同意州政府有权干涉他们的宗教信仰事务。

受大陆会议支持的鼓舞，巴克斯向马萨诸塞州议会请愿免税。一些公理会教徒怀疑浸信会教徒与支持英国统治的英国圣公会合谋，州议会本打算无视巴克斯的要求，但约翰·亚当斯坚持他们必须采取行动，否则就会有风险让其他各州失去非公理会教徒的支持。州议会并没有真正采取行动——它让浸信会教徒在大陆会议再次召开时去请愿。

弗吉尼亚的浸信会教徒受到了比不公平征税更多的伤害：官方教会可以因为他们没有参加圣公会仪式就抓捕他们。浸信会教徒进行了抗议，并且尽管弗吉尼亚的1776年宪法确保了信仰自由，但州税依然继续支持圣公会神职人员。浸信会教徒继续抗议，威胁不再支持美国革命事业。他们从托马斯·杰斐逊和年轻的詹姆斯·麦迪逊（一位圣公会成员，他曾在普林斯顿的长老会教徒老约翰·威瑟斯彭门下读书）那里找到了有力的盟军。当杰斐逊在18世纪70年代修订弗吉尼亚法典时，他提出了一个关于宗教自由的法规，宣告：

> 没有人应被强迫去经常参加或支持任何宗教礼拜、场所或任何神职职位，也不应被强迫、限制、干扰或对他的身体或财产施加负担，也不能因为他的宗教意见或信仰加以惩罚，所有人都有自由去信奉，并通过辩论保留自己的宗教意见，同样，这些也绝不能减少、增加或影响他们的民事能力。

立法机构拒绝了这一提议，但麦迪逊继续推动。最终，在1785年，他赢得了这条法规的通过，令浸信会和其他教派教徒得以脱离圣公会的管控，并且不须再纳税支持一个和他们无关的教会。杰斐逊写道，这一法律确保了"犹太教徒和非犹太教徒、基督教徒和伊斯兰教徒、印度教徒以及不信教者"的宗教自由。

事实上，尽管有了宪法对宗教宽容的保证，但弗吉尼亚政府仍继续对浸信会、犹太教、穆斯林、印度教教徒及不信教者征税，以支持圣公会教徒，这让麦迪逊警觉到，仅仅有"羊皮纸文件的规定"还不足以保护少数派对抗多数派。这也向他提供了管理新独立国家这一棘手问题的解决方法。在每一个州，大多数人可以就当地事务形成意见，少数派无法抑制多数派的意愿。弗吉尼亚圣公会，或马萨诸塞公理会教徒们，可以向浸信会或其他教派教徒征税，因为他们从未成为当地的多数派。

麦迪逊也意识到，尽管一个宗教派别可以在一个州行使权力，但整个美国包含了这么多宗教派别，任何一个都不可能在全国范围内形成垄断。这一宗教信仰的多样性确保了美国的宗教自由。由于有如此众多的教会，就不可能有单一的官方教会。麦迪逊明白，宗教的多样性或多元化，可以防止全国范围内的官方宗教。他也将此视为在其他领域——经济或政治上——防止多数派独裁的一个模范。一个国家作为整体，人数众多，利益各不相同——文化、政治和经济的——这样就没有一个单独的利益派别可以形成多数派，去欺压其他少数派的利益。

很显然，由十三个自治州组成的结构松散的联盟无法运作。美国无法偿还债务——1785年，它拖欠了其来自法国的贷款；它也无法保护自己的边疆——英国保留了他们在俄亥俄境内的要塞，武装了印第安人去攻击边疆的定居点，同时西班牙也拒绝让美国使用密西西比河；它也无法保护自己的商人——1785年，阿尔及尔缴获了两艘美国船只，把船员扣作人质。

但如何改革这个体系？詹姆斯·麦迪逊意识到，联盟必须让位于一个直接依靠人民的政府。他准备了一个备忘录，列举了联盟的问题。所有问题都围绕着一点：各州拥有太多的权力。他们的政府可以任性地修改法律，让法律既复杂又混乱。任何州都有权阻止国会改革，使它无法偿还债务或执行条约。但因为是各州的立法机构而不是人民，选举产生国会，因此它既不能向公民征税，也不能对他们使用武力。

1787年夏天，各州（除罗得岛外，它认为没有理由改变该体系）都派出代表去费城召开大会。麦迪逊和弗吉尼亚代表领头，率先抵达大会。弗吉尼亚还派了华盛顿、州长艾德蒙·伦道夫、乔治·梅森（州宪法起草人）、美国最好的法律教授乔治·威思（他培养了杰斐逊和约翰·马歇尔）和麦迪逊一起。宾夕法尼亚派来了詹姆斯·威尔森，一名在苏格兰受训的律师，以及两位没有血缘关系的莫里斯：财政部长罗伯特和一位纽约贵族的小儿子古弗尼尔。南卡罗来纳派来了前州长约翰·拉特利奇，战争时期担任华盛顿副官的查尔斯·科茨沃斯·平克尼将军，以及查尔斯·平克尼，一位固执己见的年轻律师。其他代表包括约翰·迪金森，他是"一位宾夕法尼亚农民的来信"系列作品的作者，也是《十三州邦联条例》的起草人；纽约和新泽西的首席法官，哥伦比亚学院院长，马里兰律师路德·马丁；来自马萨诸塞的埃尔布里奇·格里和鲁弗斯·金。

杰斐逊将之称为"英雄人物"的聚会，但他自己并未出席，同样未出席的还有其他一些重要人物。帕特里克·亨利没有参加，纽约州州长乔治·克林顿也未出席；马萨诸塞州州长约翰·汉考克、塞缪尔·亚当斯、外交部长约翰·杰伊，以及和杰斐逊搭档的外交官约翰·亚当斯都缺席了。阿巴拉契亚山脉以西没有任何代表参加；所有的代表都是男性，都是白人，只有三个人可以被看作"普通人出身"：富兰克林，一个制皂匠的儿子，如今已是全国最富有的人之一；亚历山大·汉密尔顿，他的未婚妈妈在西印度群岛生下了他，以及曾是一位补鞋匠的罗杰·谢尔曼。

弗吉尼亚州长伦道夫提出了一个由麦迪逊草拟的计划，要成立一个全国性政府，拥有全国性的立法、行政和司法权。两院的立法机构，由人民选举产生，将可以否决州法律并对州公民征税。在两院立法机构中的代表权取决于人口；弗吉尼亚希望终止现有的体系，它让特拉华或罗得岛拥有和弗吉尼亚或宾夕法尼亚同等的权力。

来自较小州的领导们并不愿把自己的权力让给那些更大的州，他们明白美国人民也不愿这样。迪金森尖锐地告诉那些国家主义者，他们把事情推进得太过了——尽管代表们可能更希望有一个全国性政府，但人民决不会认可它。较小州的代表们起草了他们自己的计划，通过给予现有国会向人民征税的权力，以及让新宪法成为"这个国家最至高无上的法律"，约束所有的州官员——包括法官们——遵守联邦法律，而不是州法律，以此巩固现有的州联盟。但国家主义者并不妥协，他们要求在两院中都由人口来决定代表权。

当大会面临解散威胁时，来自康涅狄格的谢尔曼和威廉·塞缪尔·约翰逊，提出了一个妥协方案：立法机构中的一院将按各州人口比例确定各州代表权，而在另一院，各州拥有同等的投票权。国家主义者反对这个方案，但大会通过了它，这挽救了宪法，并为讨论其他事务铺平了道路。

古弗尼尔·莫里斯提议，将投票权仅限于不动产拥有者——拥有私人财产的个人。有人反对此提议，认为这可能会导致贵族专制，莫里斯回应说，他"很久以来就已学会不要受文字的欺骗"，例如贵族专制。"把投票权给那些没有财产的人，他们就会把它卖给那些能买得起的富人。"他警告说,有一天,"这个国家将会到处是机器和制造商,他们会从自己的雇员手里获得面包。"这些雇员会是"可靠、忠诚的自由捍卫者吗？他们会是抵制贵族专制的无法攻克的壁垒吗？"1787年时,大部分人都是不动产拥有者;他们不会反对。如果他们"拥有财富并珍惜投票的权利",城市里的商人们就会购置财产。"如果他们没有这么做,他们就不配得到。"

约翰·迪金森同意将投票权仅限于不动产拥有者——他们是"最好的自由捍卫者",这会有效对抗"那些没有财产、没有原则的群众的危险影响",这些人有一天会大量出现。拥有自己土地的人是独立的;他们的雇员则不是。"我们的人民中目前大部分都是不动产拥有者,他们会对此感到高兴的。"

麦迪逊担心莫里斯提出的改变在非不动产拥有者也可投票的"各州可能会遭遇的反应"。通过该宪法而不引起不必要的阻碍是非常困难的。另一方面,不动产拥有者是最可靠的自由捍卫者,将来,"人民中的绝大多数将不仅不拥有土地,而且不拥有任何形式的财产"。如果这些无产者联合起来,那么不管是自由还是财富都不可能安全;更有可能的情况是,他们将仅仅"变成富人和野心家的工具"。

来自康涅狄格的奥利弗·埃尔斯沃思警告道,"选举权是一个敏感点",人民不会支持一个剥夺选举权的宪法。皮尔斯·巴特勒也表示同意。弗吉尼亚宪法的起草者乔治·梅森,拥有众多土地和几百个奴隶,站起来维护无产者。每一个"证明自己是社会的一分子，或和社会有永久的共同利益的人，都应该分享它所有的权利和特权"。商人和资本家确是社会的一部分，但梅森更进一步，"难道商人之家，有钱的男人和大群孩子的父母们——他们的孩子将在这个国家追求自己的财富——就应该被看作可疑分子，不值得被赋予和他们国民同胞一样的平等权利吗？"梅森着眼未来，他认为大量的无产家庭并不是自由和财富的威胁，相反，他们的孩子将会在他们自己的国家里追求自己的财富。

本杰明·富兰克林明白梅森的意思。他的父母没有财产，却可敬地养育了十三个孩子，以及七个孙子。富兰克林通常在立法机构里是比较沉默的，到此时也仅仅发言了十几次，包括提出一个问题，或发表评论来指明讨论方向。有两次，他提供了长篇演讲词，提前写好稿子，请别的代表来读，他坐在那儿，像贤人一样，聆听自己的文字。而这一次，他并不需要写下自己的演讲词。

"非常重要的是，我们不应该压抑我们普通人民的美德和公共精神。"富兰克林开始了演讲。这位波士顿制皂匠的儿子提醒各位代表，普通民众"在战争期间""展现了众多的"美德和公共精神，并且为"战争的胜利做出了主要的贡献"。美国的水手们，他们处于经济阶梯的最底层，但当他们在海上被俘时，宁愿被关在可怕的英国监狱里，也不愿在英国战舰上服役。如何解释他们这样的爱国精神，尤其是和积极加入美国战舰的英国水手形成鲜明对比呢？美国和英国对待普通民众的方式完全不同。富兰克林在两个国家都有过苦难的经历，所以明白这种不同。他回忆起英国议会曾通过将投票权只赋予不动产拥有者来抑制危险的"吵闹会议";第二年,议会就让"没有投票权的人们经受了特殊的劳作和艰辛"。大会于是决定不走英国的老路。

挑选行政领导人的方式被证明一点儿也不容易。他应该由国会挑选吗?还是州立法机构?还是由人民全体来选举?佐治亚的人民会了解马萨诸塞的准候选人吗?反过来呢?别的国家是否可以通过贿赂来干涉选举?莫里斯设计了一个精妙的系统来选举总统,考虑到了国家的大小和区域间的差别。每个州都选出选举人——他们没有任何其他行政职位——人数和各州在国会中的代表,包括参议员的人数相同。这些选举人在同一天聚集到各州的首府,共同选举出两个候选人——其中只能有一人来自他们本州。他们将自己密封的选票寄给国会,国会来计算票数。莫里斯和代表们假定没有人能获得多数选票,但一些候选人将会在特定的区域获得支持。众议院将在得票最高的五位候选人中进行投票,每州只能投一票。得票最高的候选人当选总统。第二名则为副总统,在总统不能胜任时接替总统一职,但他的主要职责是主持参议院。

这一精心设计的体制假定所有的选举人组成提名委员会,这让各州都承担了选择候选人的重要角色,而由人民选举产生的众议院将做出最终的决定。只有一次,在1824年,这一体制按照它的设计者想象的情况进行了。那一年,四名候选人平分了选票,然后国会选择了约翰·昆西·亚当斯。在此之前的18世纪90年代,全国性的政党就发展出提前安排选举人投票。

大会还通过投票赋予了国会管理州际和国际间贸易的权力。

但国会是否有权对进口货物征税？这一原本在英国议会手中的权力导致了这场革命。乔治·梅森认识到，弗吉尼亚依赖国际市场来销售烟草。他不希望欧洲关闭他们的烟草市场以报复美国对欧洲商品征收关税。他提出，国会需要获得三分之二的赞同票才能实施关税。而以制造业为主的州——宾夕法尼亚和新英格兰地区——则支持征收更高的保护性关税，而他们在国会可能取得大多数支持，但这三分之二的规定可以保护农业州。

梅森还加入马里兰的路德·马丁阵营，共同呼吁结束奴隶贸易。抵制可怕的奴隶贸易的一场运动在英格兰兴起了，而美国人投入这场事业一点儿也不奇怪，尽管梅森和马丁作为奴隶主支持此事有点儿奇怪。"每一个奴隶主生来就是一个小暴君"，梅森警告说，奴隶制"会为这个国家带来上帝的惩罚"。奴隶制本身削弱了社会，压抑了自由劳动力的价值。看看西部，他提到，在越过山脉的新的疆域上开拓定居的人们，"已在寻找奴隶去开垦他们的新土地"。

康涅狄格的奥利弗·埃尔斯沃思"从未拥有过奴隶"，所以他"不能对奴隶制的效果做出评判"，但他不赞成提出这样造成意见分裂的问题。如果奴隶制如梅森所说的那么罪恶的话，埃尔斯沃思认为他们"应该更进一步，解放那些美国境内的奴隶"，但如果他们不愿意么做，限制奴隶贸易对南卡罗来纳和佐治亚并不公平，他们仍需要奴隶为他们庞大的种植业工作。南卡罗来纳的平克尼，以及佐治亚的鲍尔温警告说，如果这部宪法禁止进口奴隶的话，他们的州将会反对它。弗吉尼亚和马里兰人并不是人道主义者，而是伪君子。他们过分开垦的烟草种植地已经不再需要他们所拥有的全部奴隶；他们希望将多余的奴隶卖到佐治亚和南卡罗来纳。他们禁止从非洲进口奴隶，并不是为了推动人道主义事业，而是为了提高他们剩余奴隶人口的价值。

大会将这两个问题——关税和奴隶贸易——递交给委员会。新英格兰人，他们对奴隶贸易保持中立，但反对关于关税三分之二赞成票的规定，与赞同三分之二关税投票和继续奴隶贸易的佐治亚和南卡罗来纳进行了一番讨价还价。佐治亚和南卡罗来纳将支持对关税多数赞成票即通过的规定，作为补偿，新英格兰地区将同意他们在未来二十年内继续进口奴隶。

由于对这种讨价还价出离愤怒，乔治·梅森表示他宁愿砍掉自己的右手也不愿用它去签署这部宪法。同时，为了挽救这部宪法，梅森和埃尔布里奇·格里提出了一项权利法案。梅森提出，大部分州宪法都以权利法案开头，列举出政府不能侵犯的权利。人民会希望这部宪法也是如此。当其他的代表们托词称感到厌烦，拒绝起草权利法案时，梅森和格里就拒绝签署《联邦宪法》。格里警告说，一场国内战争正在马萨诸塞的民主派支持者（他称这些人为"政治恶魔中最坏的一批"）和与他们一样暴力的对手之间酝酿着，他担心这部宪法会进一步搅动政治的水池。根据麦迪逊的说法，梅森"最后怒气冲冲地离开了费城"。

九个州同意批准《联邦宪法》生效。很快，支持者就动员起来。费城作家佩拉蒂亚·韦伯斯特同意将该部宪法称作"联邦的"，而不是"国家的"。这部宪法的支持者就这样成了联邦主义者。

在费城，詹姆斯·威尔逊针对缺少权利法案一事争辩道，这是危险且没有必要的。新政府的权力受限，且任何没有专门授予的权力都交给了人民或各州。威尔逊辩解道，如果该宪法包含权利法案的话，就相当于暗示联邦政府在以下这些领域都拥有权力——新闻、宗教、言论、被告的权利——而事实上，只有各州拥有以上权力，并且各州的权利法案会继续保护各州公民。在这部宪法里，联邦政府哪里有针对新闻、宗教或言论的权力？哪里有关于陪审团审判或被告的权利，或持有及携带武器的权利？

反对者也同样迅速地出现了，他们反对新政府拥有太多的权力，以至于它将凌驾于各州政府之上，同时该宪法缺少权利法案。"我坦白，我进入这栋大楼时在门槛上绊倒了，"塞缪尔·亚当斯写信给理查德·亨利·李说道，"我在与一个国民政府会面，而不是各州的联邦。"如宪法前言所说，"我们，合众国的人民"主张，该政府是建立在这个国家的人民基础上，消除了各州的界限。第六条第二部分写道，该宪法和国会制定的法律是"这片土地上的最高法律"，各州法官应遵循联邦先例，"宪法或州法律中有明确相反规定的情况除外"。这难道不是让各州权利法案失效了吗？

对于威尔逊认为联邦政府对权利法案保护的事项没有任何权力的说法，反对者指出第一条第九部分，上面写着人身保护权不能取消。如果这项权利——在没有被正式起诉前不能拘禁——可以被取消的话，是否意味着其他的权利也可以呢？联邦政府是否有凌驾于司法程序以外的权力？同时在第一条第八部分中明确地列举了国会的权力，它以两条不详的条款作为开头和结尾：国会有权"偿还债务并提供美国的共同防御和……公共福利"，以及国会有权"为执行前述的权力而制定所有必要和适当的法律"。帕特里克·亨利称之为"兜底条款"，它扫除了各州的权力。

特拉华和新泽西迅速且意见一致地批准了该宪法。佐治亚也支持该宪法，但需要新政府为它和克里克族之间的战争提供帮助。宾夕法尼亚的审批大会在12月举行，尽管反对派进行了动员，抗议缺少权利法案及新政府的权力，但他们因票数过少失败了。1788年1月，康涅狄格、新罕布什尔和马萨诸塞都分别举行了大会。前两个州被认为会很容易批准。康涅狄格确实如此，但新罕布什尔的联邦派推迟了大会，因为他们了解到反对派人数超过了自己。

马萨诸塞是个难题。塞缪尔·亚当斯反对此宪法；约翰·汉考克保持缄默；大会还包括约十八到二十名代表，他们在年初时全副武装以反对州政府的权力。这样一个大会不可能会支持一个权限更大的联邦政府。马萨诸塞的联邦派因此准备了一个妥协方案。他们将在新政府成立之后支持修正案——权利法案。但首先，马萨诸塞必须批准该宪法。尽管别处的联邦派坚持认为修正案没有必要，但在马萨诸塞，支持者把它当作批准的代价。马萨诸塞最终以187票对168票通过了该宪法，并保证一旦新政府成立，就提出修正案。

随后，南卡罗来纳和马里兰也通过了，他们也都提出了修正案要求。查尔斯·科茨沃斯·平克尼在南卡罗来纳大会上，针对权利法案的要求，指出权利法案通常都以宣称"所有人生来平等自由"来开头。"我们应该会很不情愿做出这样的声明，"他说，"因为我们中的大多数人实际上生下来就是奴隶。"

到此时，八个州都通过了《联邦宪法》。罗得岛通过直接投票否决了该宪法，而北卡罗来纳大会也肯定会投反对票。新罕布什尔、纽约和弗吉尼亚都还未确定——尽管纽约倾向于反对——他们的大会都将在6月举行。麦迪逊在弗吉尼亚与帕特里克·亨利对抗，后者在州政府中势力强大。亨利指责说该宪法将牺牲宗教自由；麦迪逊则提醒各位代表，弗吉尼亚宪法承诺了宗教自由，但直到州通过了宗教自由法令，浸信会和其他教派的教徒仍然被征税去支持圣公会教会。他也不需要再提醒大家谁是这条弗吉尼亚法令的发起者；亨利一直是它的主要反对者。当乔治·梅森攻击该宪法允许奴隶贸易继续下去时，亨利却因为它威胁取消奴隶制而反对。

麦迪逊也同意在批准后补充修正案。弗吉尼亚提出了四十条修正案要随后添加上去，但最终以89票对79票批准了《联邦宪法》。此时，新罕布什尔已是第九个批准该宪法的州。当纽约大会知道《联邦宪法》将要生效时，它也批准了。

依照该宪法选举产生的新政府于1789年春天在纽约成立。大部分州都派出宪法的支持者进入参议院。在众议院的选举中出现了一些意外。波士顿的费舍尔·埃姆斯击败了塞缪尔·亚当斯；弗吉尼亚的麦迪逊击败了宪法的反对者詹姆斯·门罗。所有选举人意见一致地选举华盛顿担任美国第一任总统。获得34票的约翰·亚当斯担任副总统。在设立了国务院、财政部、作战部、总检察院、五人组成的最高法院和各州的地区法院之后，国会将注意力转向起草权利法案。麦迪逊此时将修正案视为批准的代价。他收集各州递交的提案和各州的权利宣言，并在参考众多的提案之后起草了十二条修正案，提交给各州。

华盛顿任命了许多能人担任联邦政府的新职位。原外交部长约翰·杰伊出任了首席法官，并同时兼任国务卿，直到托马斯·杰斐逊接受了该职务。亚历山大·汉密尔顿担任财政部长。原作战部长亨利·诺克斯继续留任，弗吉尼亚州长埃德蒙·伦道夫成为总检察长。华盛顿期盼各部门和睦，但政治分歧迅速出现了，包括国内事务和国际事务。

在如何对待法国大革命这件事上，出现了最明显的分歧。法国人民于1789年推翻了君主专制，在它的统治下，法国既不能解决富人和穷人之间的巨大鸿沟，也不能找到一个公平的方式来偿还本国的巨额债务。美国人欢迎自由事业的发展——美国派往法国的大使杰斐逊赞许地看待法国国民大会要求更多权利；拉斐特号召实行君主立宪制，而被选入国民大会的托马斯·潘恩写下了它的宣言——《人权宣言》。但这场革命演变成无政府状态，出现了更多激进派别要求铲除贵族统治、教会，以及所有旧秩序的残余。

副总统约翰·亚当斯警告说，法国正走向困境。没有国家能够简单地摒弃旧政府而无混乱的风险。一群费城暴徒冲击了刊登亚当斯言论的报纸，指责亚当斯崇拜贵族统治和君主专制。在全国范围内，支持法国的民众成立了"民主共和协会"，模仿法国雅各宾俱乐部，把法国大革命看作美国革命和拥抱自由、平等与友爱的事业所引起的滞后效应而进行庆祝。

在美国就法国问题产生分裂之际，财政部长汉密尔顿提议，美国应偿还独立战争期间的债务，在威士忌上增加消费税以帮助还债，并设立国民银行来帮助政府借钱。麦迪逊反对这些政策，首先争辩说弗吉尼亚和其他的一些州已还清了它们的债务，它们的居民不应承担别人的债务；同时，用这样的方式还债，对已经服过役的士兵并没有帮助，却有利于那些买下这些债务的投机分子；征收消费税在政治上是不明智的；而且开设国民银行违反了宪法，因为国会没有权力去批准成立公司。

汉密尔顿辩解道，战争债务是为了国家的利益而产生的。他相信，确保资本家和投机者的支持是非常关键的；对威士忌收消费税，尽管在政治上不受欢迎，但有必要且能从边疆带来收入；尽管宪法没有赋予国会成立银行的权力，但它也没有禁止这么做。这和其他一些未专门授予的权力一样，都应适用于"必须而适当的"条款。

各政党于是沿着这些裂痕继续发展。受麦迪逊和杰斐逊领导的民主共和党，普遍反对华盛顿政府的政策，而亚历山大·汉密尔顿领导的联邦派则支持政府。华盛顿作为一个国家英雄可以置身于党派政治之外，而联邦派不把自己看作一个政党，而是合众国政府。他们的力量来自新英格兰地区以及费城商人、弗吉尼亚沿海贵族和南卡罗来纳的农业种植主们。反对派则被称为共和党，他们的实力来自边疆地区、城市工匠、小贸易商、纽约农民、宾夕法尼亚激进宪法的支持者，还有弗吉尼亚和南北卡罗来纳的山麓及偏远地区。这些政治派系出现在法国大革命的背景之下。共和党指责联邦派试图推行君主制或贵族统治，而联邦派则指责共和党拼命限制政府权力，意在动摇国家权力机构。

对威士忌征税激起了边疆的抗议，令人回忆起18世纪60年代。宾夕法尼亚西部、肯塔基和北卡罗来纳的农民，将玉米倒进威士忌里以便更容易运输和销售，他们竖起了自由旗杆，抗争说消费税不公平地增加了这些贫困地区的负担，他们根本无力承担这样的税。不满足于用焦油涂抹收税官身体并粘上羽毛，一些激进分子威胁要焚烧匹兹堡。

边疆的农民们抗议说，政府要求他们支持，却并没有为他们做什么。华盛顿政府无法保护边疆地区的人民，使他们很容易受到英国人支持的印第安人的攻击。阿瑟·圣克莱尔将军1791年11月被派去平定俄亥俄的迈阿密印第安人；迈阿密人和他们的盟军战胜了圣克莱尔的队伍，他的一千四百人中有九百人被杀或受伤。与此同时，受西班牙控制的密西西比河阻挡了宾夕法尼亚、俄亥俄、西弗吉尼亚和肯塔基的农民通往海上的道路。

当宾夕法尼亚西部抗议者威胁要推翻当地政府时，华盛顿总统于1794年派出超过一万人的军队去平息"威士忌叛乱"。该地区人们指出，政府派了十倍于保护他们免遭迈阿密印第安人攻击的军队来攻打他们，而当联邦军抵达时，叛乱已经平息了。但就在同一年夏天，安东尼·韦恩领导的一支队伍在鹿寨（如今的俄亥俄莫米地区）与迈阿密人开战。美国人在此战斗中取得了胜利，尽管不是决定性的；萧尼族撤回到位于迈阿密要塞的英军据点，但被拒之门外。第二年，萧尼族和迈阿密族同意撤出俄亥俄南部。

华盛顿展示了美国政府有能力确保边疆安宁，不受印第安人和边疆居民骚乱的干扰。在骚乱平静之后的一年一度国会咨文中，华盛顿恭喜美国人民生活在一个可以确保他们安全和自由的政府领导下。但他批评了"某些自创的团体"——民主共和党——挑起了边疆地区的政治风波，阻碍了政府的管辖能力。和18世纪60年代一样，两支不同理念的政党出现了——一支是华盛顿的，认为选举产生的政府应该履行职责，免受被管辖者的干扰；另一支是反对派，认为被管辖者有根本权利——和权力——去管理他们的管理者。这次的紧张局面不会推翻这一体系，而将在体系内得以化解。

当约翰·亚当斯1797年当选为总统时，美国的主要问题是和法国的关系，法国当时已对英国开战。华盛顿政府宣布美国保持中立，但派了首席法官约翰·杰伊去同英国协商一个新贸易协定。这下法国的战舰掉转炮口对准了美国商船。

亚当斯明白副总统杰斐逊在法国很受欢迎，也清楚他的外交能力，于是提议派他去巴黎磋商。但杰斐逊认为，副总统去磋商协定并不合适，且联邦派并不赞同派他去。于是亚当斯派出了一个代表团——马歇尔、平克尼和格里——尽管法国官僚们拒绝和他们谈判，除非美国人愿意贿赂他们。当他们的敌意被传到费城时，国会建立了一支海军去保护美国商船，授权亚当斯组建军队（华盛顿已从总指挥的职位上退休了），并通过了"外国人和惩治叛乱系列法"。

《惩治叛乱法》将撰写、发表或表达任何蔑视、仇视或嘲笑总统或国会的内容，都视为违反联邦法。十四位报纸编辑和一位国会议员都因此被送进了监狱。这条法律于1801年终止，意味着在此期间，这个国家进行两次国会选举和一次总统选举的同时，批评国会成员或总统本人都是违反联邦法律的。《外国友人法》允许将来自对美国友好国家的外国人驱逐出境，只要他们对美国的和平和安全造成威胁。这最初是针对爱尔兰移民，他们中很多人都是积极的共和党人。《外国敌人法》允许总统驱逐任何外国人，不管他是否危险，只要他来自和美国交战的国家。《归化法》使得移民更难成为公民。

杰斐逊称之为"女巫的统治"，他和麦迪逊秘密地起草了被弗吉尼亚和肯塔基立法机构通过的决议，将"外国人和惩治叛乱系列法"称为违反宪法的联邦权力扩张。但并没有其他州加入此反对行列。看起来，联邦派将通过民选政府的组织和运作确保自己的权力。

有两件事阻止了这种情况的发生。第一件是新法国政府真诚地希望和美国人谈判；第二件是共和党为1800年的选举进行动员。正如马萨诸塞的联邦派费舍尔·埃姆斯所抱怨的，共和党将每一次"去壳蜜蜂（农民集体剥玉米壳的活动）"、加高牲口棚，甚至每一场葬礼都变成了一次政治集会，这些终结了联邦派对众议院、参议院和行政部门的控制。这是一个新现象，一个执政的政府被通过普选的另一个所取代，被赶下台的政府回家了。

托马斯·杰斐逊将他1800年的选举当成一场"革命"，并非是因为推翻了一个政府，而在于旋转并回归最初的原则。在他就职的最初几周，杰斐逊写信给曾在1776年革命中起关键作用的同僚们。他对约翰·迪金森写道，他的内阁将"把我们国家这艘大船放在她的共和党立场上，这样她将通过优雅的行动显示出她的缔造者的伟大"。他没有写给约翰·亚当斯，后者在杰斐逊宣誓就职之前就离开了华盛顿。但他写信给塞缪尔·亚当斯说，他的就职演说是致"元老们"的信，他想知道其中每一句话是否就是塞缪尔·亚当斯的"精神"所在。

在他的就职演说中，杰斐逊回顾了这个国家刚刚经历的"政见争论"，认为公众讨论的高涨会警醒那些"还不适应思想和言论保持统一的陌生人"。但既然最终已遵照宪法尘埃落定，所有人都将平静地去做自己的事情。关于18世纪90年代的政治分歧，他解释道："每一个意见的分歧并不是原则的分歧。我们用不同的名字去称呼那些相同原则的同胞。我们都是共和党人，我们也都是联邦派。"

杰斐逊会用政府的权力去惩罚他那些试图压制反对声音的政敌吗？他不会。联邦派弄错了美国权力的本质。政府的力量依赖于有知情权的公民，而不是一支常备军或一部惩治叛乱法。这个他称之为"世界上最好的希望"的新政府，是"唯一一个她的每一个成员都在法律的号召下，遵守法律的标准，并将应对违反公共秩序的行为视作自己个人的职责"的政府。这是一个新想法，即公共秩序是每一个公民的个人职责。

杰斐逊知道，一些正直的人会害怕人性。"据说，有时候人不能被他自己的政府所信任。"但接着他问道："那他值得别人的政府信任吗？或者我们能找到以国王身份出现的天使去管理他吗？让历史来回答这个问题吧。"

杰斐逊简洁地陈述了他的政府所遵循的原则。政府应该防止人们伤害他人，除此之外，就应该让人们自由处理他们自己的事务。如果任何人企图分裂联邦，正如联邦派之前指控共和党那样，或者改变它的共和国属性，如同共和党之前指控联邦派那样，"那就让他们不受打扰地在那儿吧，如同自由纪念碑一样，观点的错误是可以容忍的，真理自然能够战胜它"。杰斐逊表示，这些原则指引着这个国家经历了革命和改革时代。这一政府权力有限的理念，既是杰斐逊的政治信条，同时也如他所说，是美国革命信条的标准，它一直都是联邦体系的运行原则，直到美国内战爆发。

詹姆斯·门罗，美国独立战争元老中最后一位担任美国总统的人（他1776年与华盛顿一起渡过特拉华河），于1824年邀请拉斐特——独立战争最后一位在世的少将——作为国宾回到美国。拉斐特在法国大革命中失去了财产，甚至几乎送了命。他被关押在奥地利；他的妻子差点儿上了断头台。他与拿破仑及复辟的法国王朝关系不睦，他拒绝为一个非民选政府服务。法国政府镇压了向他告别的公众游行。和1777年一样，他又一次乘船离开了法国,这次仅有他的儿子、秘书和男仆陪着他。

自拉斐特第一次到访美国之后,美国发生了变化,欧洲也是。当时各国君主们统治了世界,英国、法国、西班牙、葡萄牙和荷兰瓜分了美国。到1824年时,海地、阿根廷、委内瑞拉、墨西哥、秘鲁、巴西和美国的人民都纷纷独立。他们的革命也动摇了欧洲本身。

在拉斐特1777年第一次到达美国时,只有不到三百万美国人——有黑人和白人,不算印第安人,全都住在大西洋沿岸;如今,美国共有一千二百万人口(不包括印第安人),他们的疆土拓展到了太平洋。他们在自己的土地上开挖运河,修造蒸汽船,把他们的货物运过大西洋。美国海军沿着大陆的海岸线巡逻——大西洋、海湾和太平洋——门罗总统宣布,美国的新世界不会容忍任何欧洲的入侵。在1824年巴黎举行的华盛顿诞辰庆祝活动上,拉斐特向门罗主义举杯致敬,认为它是"人类权利和欧洲专制主义及贵族专制主张的一场伟大竞争"的一部分。

在华盛顿,拉斐特见到了西蒙·玻利瓦尔派来的使者,他是哥伦比亚、委内瑞拉、厄瓜多尔、玻利维亚和巴拿马等国的解放者,他向拉斐特赠送了一枚金质奖章,一幅华盛顿画像,以及"来自共同事业的一个老兵的个人祝贺"。9月6日拉斐特生日那天,约翰·昆西·亚当斯总统举办了一场白宫晚宴。在亚当斯向华盛顿的生日2月22日致敬之后,拉斐特举杯向7月4日"两个半球的自由生日"致敬。

拉斐特访问了所有二十四个州,似乎所有一千二百万美国人都出来迎接他了。他和总统们以及政治领袖们待在一起，和自由的黑人家庭和印第安人待在一起，和边疆的农民们以及城市商人们待在一起。他记得曾与他一起战斗过的老兵的名字，并为邦克

图10 拉斐特在1824年到1825年的胜利回归之旅中访问了每一个州；1825年6月，他为邦克山纪念碑亲自奠基；他回法国时，从邦克山带去了足够的泥土，这样在他1834年去世时可以埋在这些土里

山纪念碑亲自奠基，他还把战场上的泥土带回了家乡，这样当他死时，他可以埋在这些泥土中。

虽然拉斐特依然毫不掩饰对自由事业的热情，但他也看到了美国的局限性。他曾敦促华盛顿反对奴隶制，甚至在革命时期也是如此。华盛顿关于奴隶制的态度在战争期间有所改变：在他到达坎布里奇时，他曾试图阻止黑人加入大陆军。不过，他于1775年年底取消了这一命令，且在战争结束之前，他发誓将永不会再买卖任何人（这个誓言他并未遵守）。到战争结束时，他还鼓励亨利·劳伦斯，一位南卡罗来纳种植园主的儿子，尝试从南卡罗来纳奴隶中招募黑人军队，这些黑人将为他们主人的自由而战，而作为回报，他们自己也将获得自由。

也许看起来18世纪80年代奴隶制已受到了制约。马萨诸塞的黑人男女们曾在18世纪70年代早期发起请愿要求自由。当1780年的新州宪法宣布所有人都自由和平等时，马萨诸塞的奴隶们就来到法院。在夸克·沃克（伍斯特郡的一个奴隶）和伊丽莎白·弗里曼（伯克郡的一个奴隶）这两个案件中，陪审团发现，遵照新宪法，一个人是无权拥有另一个人的。在1790年的首次人口普查中，马萨诸塞州成为唯一一个没有奴隶的州。

宾夕法尼亚议会1780年通过了一部逐步解放的法律，让那些生而为奴隶的孩子在他们年满二十八岁时获得自由。宾夕法尼亚的政治领导人们有实际的和人道主义的理由反对奴隶制。首先，宾夕法尼亚受奴役的人们，希望英国获胜以获得自由，曾协助过英国在当地的占领。很多人投向了英国一方，他们与其他人于

1778年和保皇派一起离开了。在占领结束后，有技能的白人搬了进来，他们接手了原本由奴隶承担的职位。在战争期间和战后，一场解放奴隶的运动刚好和北方各州的黑人人口下降同时发生了。但即使在弗吉尼亚，卫理公会的教徒们依然请愿要求结束奴隶制。

除了游说华盛顿外，拉斐特还敦促杰斐逊和麦迪逊公开他们对奴隶制的看法。在杰斐逊的《弗吉尼亚往事》（1782）中，他将奴隶制称为"最坚持不懈的暴政"，它允许"一半的国民践踏另一半的权利"，让前者成为暴君，并把后者变为敌人。"当我明白上帝是公平的，我真正地为我的国家感到焦虑：上帝的公平不会永远沉睡"，且"万能的上帝在这样一场竞赛中不会偏袒我们"。

但杰斐逊不会再说什么了。弗吉尼亚在18世纪90年代考虑并最终拒绝了逐步解放的法律提案；直到1831年，爆发了南安普敦郡的纳特·特纳叛乱后，它才再次提出此议题。弗吉尼亚人支持1787年颁布的《西北法令》，废除俄亥俄河以北地区的奴隶制，杰斐逊总统也于1807年督促国会实现宪法赋予的权力，结束奴隶贸易。但无论是他还是麦迪逊都不会公开攻击奴隶制，他们更不会解放自己的奴隶，但他们的私人秘书爱德华·科尔斯却做到了，他于1819年解放了自己的奴隶，并把他们安置于他在伊利诺伊购买的土地上。作为19世纪20年代的州长，科尔斯阻止了在伊利诺伊引进奴隶制的企图。

杰斐逊和麦迪逊，甚至拉斐特，可能都曾相信，通过禁止在俄亥俄以北实行奴隶制，同时禁绝国际奴隶贸易，他们已将奴隶制引向灭亡之路。但到了19世纪20年代,这一制度依然还在流行。奴隶制已耗尽了弗吉尼亚的土地,卡罗来纳的农业种植也已达到了饱和点。伊莱·惠特尼,一个聪明的北方佬,在18世纪90年代到访了由一个佐治亚人为表达感激赠予纳撒尼尔·格林的种植园。在了解到州里举行了一场比赛,以开发更快的方式整理和压平棉花时,他参赛了,并用自己的"棉花机"或"轧棉机"赢得了比赛,该机器可以清理棉花秆里的籽,并拉直纤维。棉花成为美国最主要的出口货物,它们由奴隶们在一条从佐治亚向西延伸的贫瘠地带上种植,用船运到英国的制造中心或新英格兰地区新建成的纺织厂。约翰的曾孙亨利·亚当斯写道,在1815年之后,美国人更多考虑的是棉花的价格,而不太考虑人权了。棉花成为美国的主要出口货物,而美国到1820年成为世界上主要的棉花生产地。1860年,一位南卡罗来纳参议员宣告,"棉花为王"。

棉花的扩张增加了对奴隶的需求,并提高了佐治亚、亚拉巴马和密西西比等州的土地价值。乔克托族、克里克族、契卡索族和切罗基族妨碍了人们开垦这些土地。这些部落住在大的城镇里,种植固定的农产品,这些"已开化的部落"已与美国签订了协议,但佐治亚、亚拉巴马和密西西比这些州决定把他们赶走,买卖他们的土地,并开发为棉花种植地。1830年,国会通过了《印第安人迁移法》,号召订立协议,把所有的印第安人——不论是美国的盟友还是敌人——都迁往现今的俄克拉何马州。

这一计划很久以前就准备好了。拉斐特从一个在伊利诺伊州卡斯卡斯基亚为他举办的正式舞会上被叫走,去见一位名叫玛丽的印第安女人。她1800年来到伊利诺伊,离开她被毁掉的易洛魁家园,白人正在坚定地向西部入侵。她的父亲是易洛魁战士潘尼希沃华,给了她一个小小的皮袋子,里面有"最强大的神灵"可以对抗白人的入侵;所有见过的人无不动容。她把这个护身符带来给拉斐特看。她从这个袋子中取出一张脆弱的纸,这是拉斐特于1778年写给潘尼希沃华的一封推荐信,如今被他女儿作为父亲致力于"美国伟大事业"的神圣遗物保存着。

在水牛城,一座当潘尼希沃华和其他易洛魁人被赶往西部之后出现的城市,拉斐特进入新的伊利运河,它连接了内陆地区到纽约及东海岸。锯子和铁锤的声音不断充斥在空气中,大树一棵棵倒下,它们所在的地方变成了一座座大楼。先是有了一个供游客和初到者逗留的旅馆,接着出现了印刷报纸的店铺,接着,民宅、学校也出现在这个美国人正在改造的世界中。

在水牛城,拉斐特见到一位老战士——雷德·杰克特,他还记得四十年前见到这位法国将军时的情景,当时美军和印第安人在斯坦威克斯要塞讲和。在回忆了过去愉快的一幕幕之后,拉斐特问雷德·杰克特,"当时那位口才极好,反对放下战斧的年轻印第安人"现在怎么样了?

"他此刻正站在您面前。"雷德·杰克特回答道。

"时间改变了我们许多,"拉斐特回应道,"我们那时年轻又敏捷。"现在他们都是老人了,感谢半世纪之前他们参与的那场战争,他们正身处一个年轻的、正在改造自己的国度,无论是好是坏。

拉斐特的到访激起了美国人计划在1826年7月4日庆祝那场革命的五十周年纪念。签署《独立宣言》的三个人还活着——亚当斯、杰斐逊和马里兰州卡罗尔顿的查尔斯·卡罗尔。他们都太虚弱不能亲自参加了。事实上,杰斐逊和亚当斯都在7月4日当天过世,但都送来了他们的祝福,盼望这片土地上的人们将继续创造这个新世界。

杰斐逊希望,7月4日将是"传递给这个世界的一个信号,站起来的人们挣脱他们的枷锁……并将承担自治的祝福和安全",这必须建立在无限理性的"自由权利"之上。"所有的眼睛都睁开了,或正在睁开,看到了人们的权利。科学之光普照大地,"杰斐逊说,"这让每一个人都看到这个明显的真理,即众人不是身来就背负枷锁,也不是一些幸运儿受到神的恩典,生来就穿着马靴,戴着马刺,合法地骑在别人身上。这是大家希望的根基。"

在马萨诸塞的昆西,市民请约翰·亚当斯去参加他们7月4日举办的庆祝活动。他拒绝了。他们问他是否愿意以他的名义致祝酒词。他很乐意这么做。

"永远独立!"

还有别的吗?

"没有了。"

译名对照表

Intolerable Acts "不可容忍系列法"
Iredell, Arthur 阿瑟·艾尔德尔
Iroquois 易洛魁族

J

Jamaica 牙买加
James, Henry 亨利·詹姆斯
Jay, John 约翰·杰伊
Jefferson, Thomas 托马斯·杰斐逊
Joan of Arc 圣女贞德
Johnson, William Samuel 威廉·塞缪
    尔·约翰逊
Johnstone, George 乔治·约翰斯通
Jones, John Paul 约翰·保罗·琼斯
Jones, Joseph 约瑟夫·琼斯

K

Kalb, Johann 约翰·卡尔布
king 国王
Knox, Henry 亨利·诺克斯

L

Lafayette, Marie Joseph Paul de 马利·
    约瑟夫·保罗·德·拉斐特
Lake Champlain 尚普兰湖
Laurens, Henry 亨利·劳伦斯
Laurie, Walter 沃尔特·劳里
Lee, Charles 查尔斯·李
Lee, Richard Henry 理查德·亨利·李
legislatures 立法机构
Letters from a Farmer in Pennsylvania
    (Dickinson) 一位宾夕法尼亚农民的
    来信（迪金森）
Leutze, Emanuel 埃玛纽埃尔·洛伊茨
Lexington 莱克星顿

liberty 自由
Liberty Tree 自由之树
Life of General Francis Marion (Weems)
    《弗朗西斯·马里恩将军的一生》（威
    姆斯）
Lincoln, Benjamin 本杰明·林肯
Long Island, Battle of 长岛战役
Louis XVI 路易十六
Lovell, James 詹姆斯·洛弗尔
Loyalists 保皇派

M

MacIntosh, Ebenezer 埃比尼泽·麦金
    托什
Madison, James 詹姆斯·麦迪逊
majority rule 多数决定原则
Marion, Francis 弗朗西斯·马里恩
Martin, Joseph 约瑟夫·马丁
Martin, Luther 路德·马丁
Maryland 马里兰州
Mason, George 乔治·梅森
Massachusetts 马萨诸塞州
Mayhew, Jonathan 乔纳森·马修
Miami Indians 迈阿密族印第安人
militias 民兵
Mingos 明戈族
Monmouth 蒙茅斯
Monongahela River 莫农加希拉河
Monroe, James 詹姆斯·门罗
Monroe Doctrine 门罗主义
Montagu, John 约翰·蒙塔古
Moore, Henry 亨利·摩尔
Morgan, Daniel 丹尼尔·摩根
Morris, Gouverneur 古弗尼尔·莫里斯
Morris, Robert 罗伯特·莫里斯

Morristown 莫里斯敦

N

national bank 国民银行

national government 国民政府

Native Americans 美国原住民

Naturalization Act《归化法》

negotiations, with British 与英国谈判

New England 新英格兰

New Hampshire 新罕布什尔

New Jersey 新泽西

Newport 纽波特

New York 纽约

North, Frederick 弗雷德里克·诺斯

North Carolina 北卡罗来纳

Northwest Ordinance《西北法令》

Notes on the State of Virginia (Jefferson)
《弗吉尼亚往事》(杰斐逊)

O

O'Hara, Charles 查尔斯·奥哈拉

Ohio 俄亥俄州

Ohio River 俄亥俄河

Oklahoma 俄克拉何马

Oliver, Andrew 安德鲁·奥利弗

Oliver, Peter 彼得·奥利弗

Oneida 奥奈达族

Onondaga 奥内达加

Otis, James 詹姆斯·奥蒂斯

P

Paine, Robert Treat 罗伯特·特里特·
潘恩

Paine, Thomas 托马斯·潘恩

Panisciowa 潘尼希沃华

Parker, John 约翰·帕克

Parliament 英国议会

patriots 爱国派

peace 和平

Pennsylvania 宾夕法尼亚州

Philadelphia 费城

Pickens, Andrew 安德鲁·皮肯斯

Pinckney, Charles 查尔斯·平克尼

Pinckney, Charles Cotesworth 查尔
斯·科茨沃斯·平克尼

Pitt, William 威廉·皮特

plantations 种植园

political parties 政党

Pontiac 庞蒂克

population 人口

Prescott, Thomas 托马斯·普雷斯科特

presidents 总统

Princeton 普林斯顿

privateering 私掠船

Proclamation of 1763 1763 年公告

property, voting rights based on owning
基于拥有财产的选举权

provincial congresses 州议会

Q

Quakers 贵格会教徒

Quebec 魁北克

Quincy, Josiah 约西亚·昆西

R

Randolph, Edmund 艾德蒙·伦道夫

rebellion 反叛

Rebellion, Whiskey 威士忌叛乱

rebels 反叛军

rebel troops 反叛部队

扩展阅读

Has the history of the Revolution been, as Adams predicted, one continuous lie? Historians have given it more depth and detail than the story Adams expected, that Franklin smote the earth and brought forth Washington. The Revolution spawned an interest in history at the very beginning—the Massachusetts Historical Society (http://www.masshist.org/) was formed in 1791to preserve documents and materials related to the Revolution; it now houses all the papers of John and Abigail Adams, as well as many papers of Thomas Jefferson, Benjamin Lincoln, and other figures, many of which have now been digitized and are available on the Internet; Isaiah Thomas, printer of the *Massachusetts Spy*, founded in 1812 the American Antiquarian Society in Worcester, which houses collections of newspapers, books, and manuscripts; the Historical Society of Pennsylvania began its collections in 1824; the Virginia Historical Society began in 1831, with John Marshall as its first president and James Madison its first honorary member.

The books listed below will help navigate the Revolution in all its intriguing complexity. Virtually every figure mentioned in this book has been the subject of scholarly research, and the papers of many— Adams, Washington, Franklin, Jefferson, Hamilton, Madison—have been published in annotated editions.

Comprehensive studies of the Revolution as a whole

Countryman, Edward. *The American Revolution*. New York: Hill and Wang, 1985.

Jensen, Merrill. *The Founding of a Nation: A History of the American Revolution, 1763-1776*. New York: Oxford University Press, 1968.

Middlekauff, Robert. *The Glorious Cause: The American Revolution, 1763-1789*. New York: Oxford University Press, 1982.

Nash, Gary B. *The Unknown American Revolution: The Unruly Birth of Democracy and the Struggle to Create America*. New York: Viking, 2005.

Trevelyan, George Otto. *The American Revolution*. 4 vols. New York: Longmans, Green, 1920-1922.

Trevelyan, George Otto. *George III and Charles Fox: The Concluding Part of the American Revolution*. 2 vols. New York: Longmans, Green, 1912-1915.

Wood, Gordon S. *American Revolution: A History*. New York: Modern Library, 2002.

Contemporary accounts

Gordon, William. *The History of the Rise, Progress, And Establishment, of the Independence of the United States of America: Including an Account of the Late War; and of the Thirteen Colonies, from their Origin to That Period*. London: 1788.

Marshall, John. *The Life of George Washington: Commander in Chief of the American Forces, During the War Which Established the Independence of His Country, and First President of the United States*. Philadelphia: Wayne, 1804-1807.

Oliver, Peter. *Origin and Progress of the American Rebellion: A Tory View*. Edited by Douglass Adair and John A. Schutz. San Marino, CA: Huntington Library, 1961.

Ramsay, David. *History of the American Revolution*. Edited by Lester H. Cohen. Indianapolis, IN: Liberty Classics, 1990.

Warren, Mercy Otis. *History of the Rise, Progress, and Termination of the American Revolution: Interspersed with Biographical, Political, and Moral Observations*. Edited by Lester H. Cohen. Indianapolis, IN: Liberty Classics, 1988.

Essay collections

Bailyn, Bernard. *Faces of Revolution: Personalities and Themes in the Struggle for American Independence*. New York: Knopf, 1990.

Bailyn, Bernard. *To Begin the World Anew: The Genius and Ambiguities of the American Founders*. New York: Knopf, 2003.

Greene, Jack P. *Understanding the American Revolution: Issues and Actors*. Charlottesville: University of Virginia Press, 1995.

Maier, Pauline. *The Old Revolutionaries: Political Lives in the Age of Samuel Adams*. New York: Knopf, 1980.

Young, Alfred F., Gary B. Nash, and Ray Raphael, editors. *Revolutionary Founders: Rebels, Radicals, and Reformers in the Making of the Nation*. New York: Knopf, 2011.

Military history

Higginbotham, Don. *The War of American Independence: Military Attitudes, Policies, and Practice, 1763–1789*. Boston: Northeastern University Press, 1983.

Royster, Charles. *A Revolutionary People at War: The Continental Army and American Character, 1775–1783*. Chapel Hill: University of North Carolina Press, 1979.

Shy, John. *A People Numerous and Armed: Reflections on the Military Struggle for American Independence*. New York: Oxford University Press, 1976.

Studies on themes or events

Archer, Richard. *As If an Enemy's Country: The British Occupation of Boston and the Origins of Revolution*. New York: Oxford University Press, 2010.

Bailyn, Bernard. *The Ideological Origins of the American Revolution*. Cambridge, MA: Belknap Press of Harvard University Press, 1967.

Bailyn, Bernard. *The Ordeal of Thomas Hutchinson*. Cambridge, MA: Belknap Press of Harvard University Press, 1974.

Berkin, Carol. *Revolutionary Mothers: Women in the Struggle for America's Independence*. New York: Knopf, 2005.

Buel, Joy Day, and Richard Buel Jr. *The Way of Duty: A Woman and Her Family in Revolutionary America*. New York: Norton, 1984.

Calloway, Colin G. *The American Revolution in Indian Country: Crisis and Diversity in Native American Communities*. Cambridge: Cambridge University Press, 1995.

Egerton, Douglas R. *Death or Liberty: African Americans and Revolutionary America*. New York: Oxford University Press, 2009.

Ellis, Joseph J. *American Creation: Triumphs and Tragedies at the Founding of the Republic*. New York: Knopf, 2007.

Ellis, Joseph J. *Founding Brothers: The Revolutionary Generation.* New York: Knopf, 2000.

Fischer, David Hackett. *Paul Revere's Ride.* New York: Oxford University Press, 1994.

Fischer, David Hackett. *Washington's Crossing.* New York: Oxford University Press, 2004.

Fowler, William M., Jr. *Empires at War: The French and Indian War and the Struggle for North America, 1754–1763.* New York: Walker, 2005.

Fowler, William M., Jr. *Rebels Under Sail: The American Navy during the Revolution.* New York: Scribner, 1976.

Gaustad, Edwin S. *Faith of the Founders: Religion and the New Nation 1776–1826.* 2nd Ed. Waco, TX: Baylor University Press, 2004.

Glatthaar, Joseph, and James Kirby Martin. *Forgotten Allies: The Oneida Indians and the American Revolution.* New York: Hill and Wang, 2006.

Gould, Eliga H. *The Persistence of Empire: British Political Culture in the Age of the American Revolution.* Chapel Hill: University of North Carolina Press, 2000.

Gross, Robert A. *The Minutemen and Their World.* New York: Hill and Wang, 1976.

Higginbotham, Don. *Revolution in America: Considerations and Comparisons.* Charlottesville: University of Virginia Press, 2005.

Hoffman, Ronald, and Peter J. Albert, eds. *Arms and Independence: The Military Character of the American Revolution.* Charlottesville: University of Virginia Press, 1984.

Kerber, Linda K. *Women of the Republic: Intellect and Ideology in Revolutionary America.* Chapel Hill: University of North Carolina Press, 1980.

Kidd, Thomas S. *God of Liberty: A Religious History of the American Revolution.* New York: Basic Books, 2010.

MacLeod, Duncan J. *Slavery, Race, and the American Revolution.* London: Cambridge University Press, 1974.

Maier, Pauline. *American Scripture: Making the Declaration of Independence.* New York: Knopf, 1997.

Maier, Pauline. *From Resistance to Revolution: Colonial Radicals and the Development of American Opposition to Britain, 1765–1776.* New York: Knopf, 1972.

McDonnell, Michael A. *The Politics of War: Race, Class, and Conflict in Revolutionary Virginia.* Chapel Hill: University of North Carolina Press, 2007.

Morgan, Edmund S., and Helen M. Morgan. *The Stamp Act Crisis: Prologue to Revolution*. Chapel Hill: University of North Carolina Press, 1953.

Nash, Gary B. *The Forgotten Fifth: African Americans in the Age of Revolution*. Cambridge, MA: Harvard University Press, 2006.

Nash, Gary B. *Race and Revolution*. Madison, WI: Madison House, 1990.

Nash, Gary B. *The Urban Crucible: Social Change, Political Consciousness, and the Origins of the American Revolution*. Cambridge, MA: Harvard University Press, 1979.

Nevins, Allan. *The American States During and After the Revolution, 1775–1789*. New York: Macmillan, 1924.

Norton, Mary Beth. *The British-Americans: Loyalist Exiles in England, 1774–1789*. Boston: Little, Brown, 1972.

Norton, Mary Beth. *Liberty's Daughters: The Revolutionary Experience of American Women, 1750–1800*. Ithaca, NY: Cornell University Press, 1996.

Ragosta, John A. *Wellspring of Liberty: How Virginia's Religious Dissenters Helped Win the American Revolution and Secured Religious Liberty*. New York: Oxford University Press, 2010.

Slaughter, Thomas P. *The Whiskey Rebellion: Frontier Epilogue to the American Revolution*. New York: Oxford University Press, 1986.

Sosin, Jack M. *The Revolutionary Frontier, 1763–1783*. New York: Holt, Rinehart and Winston, 1967.

Wood, Gordon S. *The Creation of the American Republic, 1776–1787*. Chapel Hill: University of North Carolina Press, 1969.

Young, Alfred F. *Masquerade: The Life and Times of Deborah Sampson, Continental Soldier*. New York: Knopf, 2004.

Young, Alfred F. *The Shoemaker and the Tea Party: Memory and the American Revolution*. Boston: Beacon, 1999.

Biographies

Black, Jeremy. *George III: America's Last King*. New Haven, CT: Yale University Press, 2006.

Ellis, Joseph J. *His Excellency, George Washington*. New York: Knopf, 2004.

Ellis, Joseph J. *Passionate Sage: The Character and Legacy of John Adams*. New York: Norton, 1993.

Foner, Eric. *Tom Paine and Revolutionary America*. Rev. ed. New York: Oxford University Press, 2004.

Fowler, William M., Jr. *The Baron of Beacon Hill: A Biography of John Hancock*. Boston: Houghton Mifflin, 1979.

Fowler, William M., Jr. *Samuel Adams: Radical Puritan*. New York: Longman, 1997.

Freeman, Douglas Southall. *George Washington: A Biography*. 7 vols. New York: Scribner, 1948–1957.

Greene, George Washington. *The Life of Nathanael Greene, Major-General in the Army of the Revolution*. 3 vols. New York: Hurd & Houghton, 1871.

Gruber, Ira D. *The Howe Brothers and the American Revolution*. New York: Atheneum, 1972.

Martin, James Kirby. *Benedict Arnold, Revolutionary Hero: An American Warrior Reconsidered*. New York: New York University Press, 1997.

Mayer, Henry. *A Son of Thunder: Patrick Henry and the American Republic*. New York: Watts, 1986.

McCoy, Drew R. *Last of the Fathers: James Madison and the Republican Legacy*. Cambridge: Cambridge University Press, 1989.

McCullough, David. *John Adams*. New York: Simon & Schuster, 2001.

Miller, Marla R. *Betsy Ross and the Making of America*. New York: Henry Holt, 2010.

Peterson, Merrill D. *Thomas Jefferson and the New Nation: A Biography*. New York: Oxford University Press, 1970.

Puls, Mark. *Henry Knox: Visionary General of the American Revolution*. New York: Palgrave Macmillan, 2008.

Van Doren, Carl. *Benjamin Franklin*. New York: Viking, 1938.

Willcox, William B. *Portrait of a General: Sir Henry Clinton in the War of Independence*. New York: Knopf, 1964.